SE 07

Curso
MAD360

La diferencia entre aprobar
y sacar plaza

Lavandera/o

AF173919

SERVICIO MADRILEÑO DE SALUD

Si aún no dispones de tu **Curso MAD360**, te ofrecemos un acceso GRATIS de 30 días para que disfrutes de los siguientes recursos:

- Técnicas de Memoria 360.
- MADTEST: Test *online* Nivel PRO.
- Temario en formato digital.
- Vídeos.
- Esquemas.
- Planificación de estudio.
- Foro entre opositores hasta la fecha del examen.*
- Recursos y novedades exclusivas.
- Consúltanos sobre tu oposición y proceso selectivo.
- Actualizaciones legislativas (Boletines Oficiales) hasta 60 días antes de la fecha del examen.*

Para acceder a esta prueba del Curso MAD360** será necesaria la compra de todos los libros para esta especialidad de la edición 2025.

Regístrate en **mad.es/iniciar-sesion** y en la pestaña MIS CURSOS valida los códigos que encuentras en la última página de tus libros.

NOTA IMPORTANTE:

* Examen de esta categoría profesional correspondiente a la convocatoria publicada en el BOCM n.º 158, de 4 de julio de 2025, o hasta el 31 de agosto de 2026, lo que se cumpla antes, y previa renovación del servicio.

** El acceso al CURSO MAD360 estará disponible desde agosto de 2025 (algunos recursos podrían estar disponibles en fecha posterior). Tendrá una duración de 30 días RENOVABLES mediante pago, desde la validación de códigos, o hasta el 28 de febrero de 2027, lo que se cumpla antes.

MAD se reserva el derecho a ampliar dichas fechas.

Lavandera/o del Servicio Madrileño de Salud

Test del temario

Autores

FRANCISCO JESÚS TORRES FONSECA
LICENCIADO EN DERECHO

DOMINGO GÓMEZ MARTÍNEZ
LICENCIADO EN DERECHO
TÉCNICO DE FUNCIÓN ADMINISTRATIVA

ELENA GARCÍA FERNÁNDEZ
LICENCIADA EN DERECHO

LUIS SILVA GARCÍA
DIPLOMADO UNIVERSITARIO EN ENFERMERÍA
RECUPERACIÓN DE URGENCIAS

JUAN MANUEL GIL RAMOS
LICENCIADO EN MEDICINA. MASTER EN SALUD AMBIENTAL

HERMINIA ANDRADES ROMERO
DIPLOMADA EN FISIOTERAPIA. TÉCNICO SUPERIOR EN IMAGEN
PARA EL DIAGNÓSTICO. TÉCNICA SUPERIOR EN LABORATORIO
DE ANÁLISIS CLÍNICO

ANA MARÍA SERRANO BÁRCENA
LICENCIADA EN BIOLOGÍA

M.ª DOLORES MOLADA LOPEZ
DIPLOMADA EN MAGISTERIO
TÉCNICO EN PREVENCIÓN DE RIESGOS LABORALES

© 7 Editores Recursos para la Cualificación Profesional y el Empleo, S.L. (7 Editores)
© Los autores
Primera edición, septiembre 2025 (118 páginas)
Derechos de edición reservados a favor de 7 Editores
IMPRESO EN ESPAÑA
Diseño Portada: 7 Editores
Edita: 7 Editores
Avda. San Francisco Javier, 9 · Edificio Sevilla 2 · Planta 11 · Módulos 25-27 · 41018 Sevilla
Teléfono: 954 784 411 · WEB: www.mad.es · e-mail: administracion@7editores.com
ISBN: 978-84-142-9952-4
© "Editorial Mad" y "Eduforma" son nombres comerciales registrados de
7 Editores Recursos para la Cualificación Profesional y el Empleo, S.L.

Índice

TEST PARTE COMÚN

TEST PARTE ESPECÍFICA

TEST PARTE COMÚN

TEST N.º 1

El derecho a la protección de la salud en la Constitución Española de 1978. El Estatuto de Autonomía de la Comunidad de Madrid. La Asamblea, el Presidente y el Gobierno. La Administración autonómica: organización y estructura básica de las Consejerías

1. ¿En qué Título y Capítulo de la Constitución Española se regula el derecho a la protección de la salud?

a) Capítulo II Título I.
b) Capítulo V Título II.
c) Capítulo I Título I.
d) Capítulo III Título I.

2. El Presidente de la Comunidad de Madrid es elegido de entre sus miembros por la Asamblea y nombrado por el Rey, mediante:

a) Ley.
b) Orden Ministerial.
c) Real Decreto.
d) Decreto Ley.

3. El Presidente, por razón de su cargo, tiene derecho a recibir el tratamiento de:

a) Señoría.
b) Excelencia.
c) Ilustrísimo.
d) Señor.

4. El Presidente de la Comunidad de Madrid tiene derecho a percibir, con cargo a los Presupuestos Generales de la Comunidad Autónoma, los sueldos y retribuciones que en los mismos se determinen y cuya cuantía no podrá ser superior a la asignada:

a) Al cargo de Secretario de Estado del Gobierno de la Nación en los Presupuestos General del Estado.
b) Al cargo de Consejero en los Presupuestos General del Estado.

c) Al cargo de Diputado en los Presupuestos General del Estado.

d) Al cargo de Ministro en los Presupuestos General del Estado.

5. ¿El cargo de Presidente de la Comunidad de Madrid es compatible con el ejercicio de cualquier otra función o actividad pública que no derive de aquel?

a) Sí.

b) No.

c) Solo con el de Diputado de la Asamblea.

d) Solo con el de Consejero.

6. El cargo de Presidente de la Comunidad de Madrid, ¿es compatible con el ejercicio de toda actividad laboral, profesional o empresarial?

a) Sí puesto que no se contempla ninguna compatibilidad.

b) No, en ningún caso.

c) Solo con algunas actividades laborales.

d) Solo con algunas actividades profesionales.

7. Como supremo representante de la Comunidad Autónoma, corresponde al Presidente de la Comunidad:

a) Ostentar la alta representación de dicha Comunidad en las relaciones con las demás Instituciones del Estado y sus Administraciones.

b) Firmar los convenios y acuerdos de cooperación que en virtud del artículo 32 del Estatuto de Autonomía se celebren o establezcan con otras Comunidades Autónomas.

c) Convocar elecciones a la Asamblea de Madrid en los términos señalados en el artículo 11 del Estatuto de Autonomía.

d) Todas son correctas.

8. ¿A quién corresponde aprobar el Proyecto del Presupuesto anual de la Comunidad y presentarlo a la aprobación de la Asamblea, de acuerdo con lo establecido en el artículo 61 del Estatuto de Autonomía?

a) Al Presidente.

b) Al Consejo de Gobierno.

c) Al Vicepresidente.

d) A la Asamblea.

9. No corresponde al Presidente de la Comunidad de Madrid:

a) Acordar la petición de sesión extraordinaria de la Asamblea.

b) Nombrar y separar de su cargo a los Consejeros.

c) Asegurar la coordinación entre las distintas Consejerías y resolver los conflictos de competencias entre las mismas.

d) Velar por el cumplimiento de los Acuerdos del Consejo de Gobierno y de las Comisiones Delegadas.

10. Señala la respuesta incorrecta:

a) El Presidente, por razón de su cargo, tiene derecho a recibir el tratamiento de excelencia.

b) Corresponde al Presidente ordenar la publicación en el «Boletín Oficial de la Comunidad de Madrid» del nombramiento de Presidente del Tribunal Superior de Justicia de Madrid.

c) El Presidente podrá delegar funciones ejecutivas y de representación propias, en los Vicepresidentes.

d) Los miembros del Gabinete del Presidente no cesan al cesar este.

11. En su condición de representante ordinario del Estado en la Comunidad Autónoma, corresponde al Presidente promulgar, en nombre del Rey, las Leyes de la Asamblea y los Decretos legislativos, y ordenar su publicación en el «Boletín Oficial de la Comunidad de Madrid», en el plazo máximo de:

a) Siete días desde su aprobación.

b) Quince días desde su aprobación.

c) Veinte días desde su aprobación.

d) Un mes desde su aprobación.

12. Establecer las directrices generales de la acción del gobierno y asegurar su continuidad corresponde:

a) Al Presidente.

b) Al Consejo de Gobierno.

c) Al Vicepresidente.

d) A la Asamblea.

13. Aprobar los Reglamentos Generales de los tributos propios de la Comunidad de Madrid y elaborar las normas reglamentarias precisas para gestionar los impuestos estatales cedidos de acuerdo con los términos de dicha cesión, corresponde:

a) Al Presidente.

b) Al Consejo de Gobierno.

c) Al Vicepresidente.

d) A la Asamblea.

14. El Presidente podrá delegar funciones ejecutivas y de representación propias, en:

a) Los Vicepresidentes.
b) Los Vicepresidentes y demás miembros del Consejo de Gobierno.
c) Los Consejeros.
d) No puede delegar ese tipo de funciones.

15. En el Gabinete del Presidente se integran los asesores del Presidente, en número determinado por este, y no superior a:

a) Tres.
b) Cinco.
c) Seis.
d) Siete.

16. El Presidente no podrá delegar la siguiente atribución:

a) Nombrar y separar de su cargo a los Consejeros y, en su caso, al Vicepresidente o Vicepresidentes.
b) Establecer las directrices generales de la acción del gobierno y asegurar su continuidad.
c) Asegurar la coordinación entre las distintas Consejerías y resolver los conflictos de competencias entre las mismas.
d) No puede delegar ninguna de las anteriores atribuciones.

17. Señala la respuesta incorrecta:

a) El Jefe del Gabinete del Presidente tiene nivel orgánico de Director General.
b) Los miembros del Gabinete del Presidente podrán ocupar puestos de trabajo reservados a funcionarios.
c) El Jefe del Gabinete del Presidente será nombrado por Decreto del Consejo de Gobierno, a propuesta de su Presidente.
d) El Jefe del Gabinete del Presidente será cesado, en su caso, por Decreto del Consejo de Gobierno, a propuesta de su Presidente.

18. Precisarán de la previa autorización de la Asamblea las ausencias temporales del Presidente, superiores a:

a) Siete días.
b) Quince días.
c) Un mes.
d) Dos meses.

19. Señala la respuesta incorrecta:

a) El Presidente en funciones podrá ser sometido a moción de censura.
b) El Presidente en funciones no podrá plantear la cuestión de confianza.

c) El Presidente podrá cesar por aprobación de una moción de censura.

d) Todas son correctas.

20. En los casos en los que el Presidente haya de ser sustituido, se seguirá el siguiente orden de prelación:

a) Los Consejeros, según su orden. Los Vicepresidentes, según el orden establecido en el artículo 19.2 de la Ley del Gobierno de la Comunidad de Madrid.

b) Los Vicepresidentes, según su orden. Los diferentes Consejeros, según el orden establecido en el artículo 19.2 de la Ley del Gobierno de la Comunidad de Madrid.

c) Los Vicepresidentes, según su orden. Los diferentes Ministros, según el orden establecido en el artículo 19.2 de la Ley del Gobierno de la Comunidad de Madrid.

d) El Presidente no puede ser sustituido.

En MADTEST tienes **más preguntas de este tema**, y todos tus avances quedan registrados y se reflejan en el ranking.

¡Supera tus límites con MADTEST!

Solución al test n.º 1

1. d) Capítulo III Título I.

2. c) Real Decreto.

3. b) Excelencia.

4. a) Al cargo de Secretario de Estado del Gobierno de la Nación en los Presupuestos General del Estado.

5. c) Solo con el de Diputado de la Asamblea.

6. b) No, en ningún caso.

7. d) Todas son correctas.

8. b) Al Consejo de Gobierno.

9. a) Acordar la petición de sesión extraordinaria de la Asamblea.

10. d) Los miembros del Gabinete del Presidente no cesan al cesar este.

11. b) Quince días desde su aprobación.

12. a) Al Presidente.

13. b) Al Consejo de Gobierno.

14. b) Los Vicepresidentes y demás miembros del Consejo de Gobierno.

15. c) Seis.

16. d) No puede delegar ninguna de las anteriores atribuciones.

17. b) Los miembros del Gabinete del Presidente podrán ocupar puestos de trabajo reservados a funcionarios.

18. c) Un mes.

19. a) El Presidente en funciones podrá ser sometido a moción de censura.

20. b) Los Vicepresidentes, según su orden. Los diferentes Consejeros, según el orden establecido en el artículo 19.2 de la Ley del Gobierno de la Comunidad de Madrid.

TEST N.º 2

La Ley 14/1986, de 25 de abril, General de Sanidad. El Sistema Nacional de Salud y los Servicios de Salud de las Comunidades Autónomas. El Área de Salud

1. La Ley General de Sanidad concibe los Planes de Salud como un instrumento de:

a) La Alta Inspección.
b) La docencia y la investigación.
c) La Coordinación general sanitaria.
d) La Sanidad exterior.

2. Las Áreas de Salud serán dirigidas por un órgano propio, donde deberán participar las Corporaciones Locales en ellas situadas, con una representación no inferior al:

a) 20 %.
b) 30 %.
c) 40 %.
d) 50 %.

3. Los Consejos de Salud de Área estarán constituidos por organizaciones sindicales más representativas, en una proporción no inferior al:

a) 25 %.
b) 30 %.
c) 40 %.
d) 50 %.

4. Entre las características fundamentales del Sistema Nacional de Salud, no se encuentra:

a) La extensión de sus servicios a toda la población.
b) La coordinación y, en su caso, la integración de todos los recursos sanitarios públicos en tres dispositivos únicos (estatal, autonómico y local).

c) La prestación de una atención integral de la salud procurando altos niveles de calidad debidamente evaluados y controlados.

d) Todas son correctas.

5. ¿En cuántos niveles organizativos se divide el sistema sanitario español?

a) Tres: central, autonómico y áreas de salud.

b) Dos: central y autonómico.

c) Central, del que derivan el autonómico y local.

d) Únicamente el central.

6. Para la delimitación de las zonas básicas no deberá tenerse en cuenta:

a) El grado de concentración o dispersión de la población.

b) Las características epidemiológicas de la zona.

c) Las instalaciones y recursos sanitarios de la zona.

d) Las distancias mínimas de las agrupaciones de población más cercanas de los servicios y el tiempo normal a invertir en su recorrido usando los medios ordinarios.

7. Las Comunidades Autónomas ejercerán, en materia de sanidad, las competencias:

a) Asumidas en sus Estatutos, exclusivamente.

b) Asumidas en sus Estatutos y las decisiones y actuaciones públicas previstas en la LGS que se hayan reservado expresamente al Estado.

c) Asumidas en sus Estatutos.

d) Las mencionadas en c) y las transferidas, o en su caso, delegadas, por el Estado, así como las decisiones y actuaciones públicas previstas en la LGS que no se hayan reservado expresamente al Estado.

8. Según la Ley General de Sanidad, las actividades que se realicen en materia de control de posibles riesgos para la salud derivados del tráfico internacional de viajeros son:

a) Competencia exclusiva del Ministerio de Asuntos Exteriores.

b) Actividades de sanidad exterior.

c) Competencia exclusiva del Ministerio de Sanidad.

d) Excluidas de la Ley General de Sanidad.

9. Entre las actuaciones en materia de Sanidad interior que contempla la Ley General de Sanidad, no se encuentra:

a) El catálogo y registro general de centros, servicios y establecimientos sanitarios.

b) La homologación de programas de formación postgraduada del personal sanitario.

c) La realización de estadísticas de interés comunitario.

d) La elaboración de informes generales sobre la salud pública y la asistencia sanitaria.

10. Según la Ley General de Sanidad, las Comunidades Autónomas ejercerán las competencias:

a) Asumidas en la Constitución.
b) Que sus Estatutos les transfieran.
c) Asumidas en sus Estatutos.
d) Que les delegue la Constitución.

11. Respecto de las Corporaciones Locales, la Ley General de Sanidad determina unas competencias:

a) Exclusivas.
b) De actuación.
c) Mínimas de los Ayuntamientos.
d) Exclusivas de los Ayuntamientos.

12. La Ley General de Sanidad fija para los Ayuntamientos, en relación al obligado cumplimiento de las normas y planes sanitarios, determinadas competencias mínimas en materia de:

a) La policía municipal.
b) La policía sanitaria mortuoria.
c) La policía local.
d) La sanidad de los cementerios.

13. Entre las competencias mínimas de los Ayuntamientos que establece la Ley General de Sanidad, en relación con el obligado cumplimiento de las normas y planes sanitarios, no se incluye:

a) Control sanitario de industrias.
b) Control sanitario de transportes.
c) Control sanitario de ruidos.
d) Control sanitario de puertos.

14. La Ley General de Sanidad determina que es competencia exclusiva del Estado:

a) Los acuerdos sanitarios internacionales.
b) Las relaciones interterritoriales.
c) La Sanidad interior.
d) La Inspección general.

15. La Ley General Sanidad determina que el Estado debe desarrollar en materia de Sanidad interior una serie de:

a) Competencias.
b) Competencias exclusivas.

c) Actuaciones.
d) Principios.

16. ¿Cuál de los siguientes términos no se corresponde con ninguno de los principios, que enumera la Ley General de Sanidad, a los que adecuarán su organización y funcionamiento los servicios sanitarios?

a) Economía.
b) Flexibilidad.
c) Celeridad.
d) Coordinación.

17. ¿Cuál es el objeto de la Ley 14/1986, de 25 de abril, General de Sanidad?

a) La regulación general de todas las acciones que permitan hacer efectivo el derecho a la protección de la salud.
b) El desarrollo de una acción global de prevención que implique a la colectividad, considerada como conjunto.
c) La puesta al día de las técnicas de intervención pública en los problemas de salud de la colectividad.
d) La cobertura de los riesgos sanitarios a través de una cuota vinculada al trabajo.

18. La competencia en la autorización de los medicamentos y de los productos sanitarios corresponde:

a) Al Ministerio de Sanidad.
b) A la Agencia Española de Medicamentos y Productos Sanitarios.
c) A la Dirección General de Medicamentos y Productos Sanitarios.
d) Al Gobierno, mediante Real Decreto.

19. Con relación con los Consejos de Salud de Área no es cierto que:

a) Están constituidos por la representación de los ciudadanos a través de las Corporaciones Locales comprendidas en su demarcación, que supondrá el 50% de sus miembros y las organizaciones sindicales más representativas, en una proporción no inferior al 25%, a través de los profesionales sanitarios titulados.
b) Los Consejos de salud del área podrán crear órganos de participación de carácter general.
c) Entre sus competencias están las de verificar la adecuación de las actuaciones en el área de salud a las normas y directrices de la política sanitaria y económica.
d) Conocer e informar el anteproyecto del Plan de Salud del área y de sus adaptaciones anuales, forma parte de sus competencias.

20. Los órganos colegiados de participación comunitaria para la consulta y el seguimiento de la gestión, en los que participaran las organizaciones empresariales y sindicales, se denominan:

a) Consejos de Salud de Área.
b) Consejos de Dirección de Área.
c) Gerencia de Área.
d) Consejo de Participación del Área.

En MADTEST tienes **más preguntas de este tema**, y todos tus avances quedan registrados y se reflejan en el ranking.

¡Supera tus límites con MADTEST!

Solución al test n.º 2

1. c) La Coordinación general sanitaria.

2. c) 40 %.

3. a) 25 %.

4. b) La coordinación y, en su caso, la integración de todos los recursos sanitarios públicos en tres dispositivos únicos (estatal, autonómico y local).

5. a) Tres: central, autonómico y áreas de salud.

6. d) Las distancias mínimas de las agrupaciones de población más cercanas de los servicios y el tiempo normal a invertir en su recorrido usando los medios ordinarios.

7. d) Las mencionadas en c) y las transferidas, o en su caso, delegadas, por el Estado, así como las decisiones y actuaciones públicas previstas en la LGS que no se hayan reservado expresamente al Estado.

8. b) Actividades de sanidad exterior.

9. c) La realización de estadísticas de interés comunitario.

10. c) Asumidas en sus Estatutos.

11. c) Mínimas de los Ayuntamientos.

12. b) La policía sanitaria mortuoria.

13. d) Control sanitario de puertos.

14. a) Los acuerdos sanitarios internacionales.

15. c) Actuaciones.

16. d) Coordinación.

17. a) La regulación general de todas las acciones que permitan hacer efectivo el derecho a la protección de la salud.

18. b) A la Agencia Española de Medicamentos y Productos Sanitarios.

19. b) Los Consejos de salud del área podrán crear órganos de participación de carácter general.

20. a) Consejos de Salud de Área.

TEST N.º 3

La Ley 14/1986, de 25 de abril, General de Sanidad. Las modalidades de la asistencia sanitaria. La Atención Primaria de la Salud, Equipos de Atención Primaria, el centro de salud. La asistencia hospitalaria. El área sanitaria. Los hospitales y los centros de especialidades

1. ¿Qué artículo de Ley General de Sanidad determina que serán las Comunidades Autónomas las que delimiten y constituyan en su territorio demarcaciones territoriales denominadas Áreas de Salud, en las que se organice un sistema sanitario coordinado e integral?

a) El art. 46.
b) El art. 49.
c) El art. 54.
d) El art. 56.

2. Con la finalidad de alcanzar la máxima operatividad y eficacia en la organización y funcionamiento del Sistema Sanitario Público a nivel primario, cada Área de Salud se divide territorialmente en:

a) Zonas Básicas de Salud.
b) Áreas de Salud.
c) Distritos Sanitarios Básicos.
d) Departamentos Sanitarios Elementales.

3. La delimitación del marco territorial que abarcará cada Zona de Salud se hará teniendo en cuenta criterios demográficos, geográficos y sociales, y será llevada a cabo por:

a) El Ministerio de Sanidad.
b) Las Comunidades Autónomas.
c) Las Corporaciones Locales.
d) El Estado por medio de la Secretaría General de Salud.

4. Como norma general, la Zona Básica de Salud abarcará a una población comprendida entre:

a) Los dos mil y los quince mil habitantes.
b) Los tres mil y los veinte mil habitantes.
c) Los cinco mil y los veinticinco mil habitantes.
d) Los diez mil y los treinta mil habitantes.

5. ¿Cuál de los siguientes factores no habrá de tenerse en cuenta en la delimitación de las zonas básicas, según dispone el art. 62 LGS?

a) El grado de concentración o dispersión de la población.
b) Las instalaciones y recursos sanitarios de la Zona.
c) La edad media de la población de la Zona.
d) Las isocronas o las distancias máximas de las agrupaciones de población más alejadas de los servicios y el tiempo normal a invertir en su recorrido usando los medios ordinarios.

6. ¿Cómo se denomina al conjunto de profesionales sanitarios y no sanitarios cuyo ámbito territorial principal de actuación es la Zona Básica de Salud y con localización física principal en el Centro de Salud?

a) Equipo de Atención Primaria.
b) Personal Básico Sanitario.
c) Equipo Básico de Salud.
d) Grupo de Atención Primaria.

7. Según el artículo 51.2 de la Ley 14/1986, de 25 de abril, General de Sanidad, la competencia de ordenación territorial de los servicios sanitarios la ostenta/n:

a) El Estado.
b) Las Comunidades Autónomas.
c) Las Corporaciones Locales.
d) La Unión Europea.

8. El Decreto 52/2010 configura como estructura clave de la Atención Primaria:

a) A los centros de salud.
b) A la zona básica de salud.
c) Al área de salud.
d) A los hospitales.

9. Las estructuras básicas sanitarias y directivas de Atención Primaria en la Comunidad de Madrid se enmarcan:

a) En varias zonas de salud por razón del territorio.
b) En diversas áreas de salud repartidas por población.

c) En el área única de salud.

d) En tres áreas adjuntas de salud.

10. Las estructuras básicas sanitarias de Atención Primaria de la Comunidad de Madrid son:

a) El Área de salud y la zona básica de salud.

b) El Área de Salud, la zona básica de salud y el centro de salud.

c) El Área de salud y el centro de salud.

d) La zona básica de salud y el centro de salud.

11. La zona básica de salud de la Comunidad de Madrid es:

a) El órgano de dirección de la estructura organizativa de los servicios sanitarios.

b) La estructura fundamental del sistema sanitario, responsabilizada de la gestión unitaria de los centros y establecimientos en su demarcación territorial y de las prestaciones sanitarias y programas sanitarios a desarrollar por ellos.

c) El marco territorial de la Atención Primaria donde desarrolla su actividad sanitaria el centro de salud.

d) La estructura física de consultas y servicios asistenciales personales correspondientes a la población en que se ubica.

12. Conforme al Decreto 52/2010, la estructura física y funcional donde los profesionales desarrollan de forma integrada todas las actividades encaminadas a la promoción, prevención, asistencia y rehabilitación de la salud, se denomina:

a) Área de salud.

b) Centro de salud.

c) Zona básica de salud.

d) Hospital.

13. El órgano de dirección de Atención Primaria dentro del área única de salud de la Comunidad de Madrid es:

a) El Consejo de Dirección.

b) La Gerencia.

c) El Consejo de Salud.

d) El Comité de Salud.

14. El Director General de Atención Primaria de la Comunidad de Madrid:

a) Ostenta el cargo de Gerente de Atención Primaria.

b) Se corresponde con el Director del centro de salud de mayor población.

c) Se trata de un titular de una de las Gerencias Adjuntas de Atención Primaria.

d) Ninguna de las anteriores respuestas es cierta.

15. ¿Cuál de las siguientes Gerencias Adjuntas de Atención Primaria de la Comunidad de Madrid no existe?

a) Gerencia Adjunta de Asistencia Sanitaria.
b) Gerencia Adjunta de Planificación y Calidad.
c) Gerencia Adjunta de Gestión y Servicios Generales.
d) Gerencia Adjunta de Servicios Públicos Sanitarios.

16. Según el Decreto 52/2010, la organización, coordinación y supervisión de la actividad asistencial de los centros de salud, de acuerdo con las directrices establecidas por el Servicio Madrileño de Salud, corresponde a la:

a) Gerencia Adjunta de Servicios Públicos Sanitarios.
b) Gerencia Adjunta de Gestión y Servicios Generales.
c) Gerencia Adjunta de Planificación y Calidad.
d) Gerencia Adjunta de Asistencia Sanitaria.

17. La gestión de los recursos humanos y económicos de los centros de salud, de conformidad con las directrices establecidas por el Servicio Madrileño de Salud, se atribuye a:

a) Gerencia Adjunta de Gestión y Servicios Generales.
b) Gerencia Adjunta de Asistencia Sanitaria.
c) Gerencia Adjunta de Planificación y Calidad.
d) Gerencia Adjunta de Servicios Públicos Sanitarios.

18. La dirección de cada centro de salud del Servicio Madrileño de Salud la ostentará:

a) Un profesional sanitario.
b) Un funcionario de la Administración sanitaria.
c) Un licenciado en Medicina y Cirugía.
d) Un profesional con título de licenciado.

19. La competencia para el diseño y desarrollo de los procesos asistenciales, así como el despliegue de la estrategia de calidad y seguridad del paciente, de acuerdo con las directrices del Servicio Madrileño de Salud, se otorga a:

a) Gerencia Adjunta de Asistencia Sanitaria.
b) Gerencia Adjunta de Planificación y Calidad.
c) Gerencia Adjunta de Gestión y Servicios Generales.
d) Gerencia Adjunta de Servicios Públicos Sanitarios.

20. La organización de los profesionales y de la actividad de un centro de salud del Servicio Madrileño de Salud corresponde:

a) Al Director del centro.
b) Al Director General de Atención Primaria.
c) Al Gerente de Atención Primaria.
d) Al titular de la Gerencia Adjunta de Asistencia Sanitaria.

En MADTEST tienes **más preguntas de este tema**, y todos tus avances quedan registrados y se reflejan en el ranking.

¡Supera tus límites con MADTEST!

Solución al test n.º 3

1. d) El art. 56.

2. a) Zonas Básicas de Salud.

3. b) Las Comunidades Autónomas.

4. c) Los cinco mil y los veinticinco mil habitantes.

5. c) La edad media de la población de la Zona.

6. a) Equipo de Atención Primaria.

7. b) Las Comunidades Autónomas.

8. a) A los centros de salud.

9. c) En el área única de salud.

10. d) La zona básica de salud y el centro de salud.

11. c) El marco territorial de la Atención Primaria donde desarrolla su actividad sanitaria el centro de salud.

12. b) Centro de salud.

13. b) La Gerencia.

14. a) Ostenta el cargo de Gerente de Atención Primaria.

15. d) Gerencia Adjunta de Servicios Públicos Sanitarios.

16. d) Gerencia Adjunta de Asistencia Sanitaria.

17. a) Gerencia Adjunta de Gestión y Servicios Generales.

18. c) Un licenciado en Medicina y Cirugía.

19. b) Gerencia Adjunta de Planificación y Calidad.

20. a) Al Director del centro.

TEST N.º 4

Ley 12/2001, de 21 de diciembre de Ordenación Sanitaria de la Comunidad de Madrid. Derechos y deberes de los ciudadanos

1. Indique la opción correcta sobre la Ley de Ordenación Sanitaria de la Comunidad de Madrid:

a) No contiene preámbulo.
b) Ningún Título se divide en Capítulos.
c) Se publicó en el BOCM el 26 de diciembre de 2001.
d) Todas son correctas.

2. ¿A qué órgano le corresponde la aprobación de la estructura orgánica de la Consejería de Sanidad?

a) A la Asamblea de la Comunidad de Madrid.
b) Al Consejo de Gobierno de la Comunidad de Madrid.
c) A la propia Consejería de Sanidad.
d) Ninguna es correcta.

3. La aprobación del Plan de Salud es competencia de:

a) La Consejería de Sanidad.
b) El Consejo de Gobierno.
c) La Asamblea.
d) Ninguna es correcta.

4. La protección de la salud, la ordenación y la organización del Sistema Sanitario de la Comunidad de Madrid, se ajustarán a los siguientes principios. Indique la opción incorrecta:

a) Orientación del Sistema a los ciudadanos, estableciendo los instrumentos necesarios para el ejercicio de sus derechos, reconocidos en esta Ley, especialmente, la equidad en el acceso y la libre elección.
b) Concepción integral de nuestro Sistema Sanitario, incluyendo la promoción de la salud, la educación sanitaria, la prevención, la asistencia en caso de enfermedad, la rehabilitación, la investigación y la formación sanitaria.

c) Concepción integrada del Sistema Sanitario de la Comunidad de Madrid, incluyendo todos los dispositivos sanitarios con independencia de su titularidad.

d) Universalización de los servicios sanitarios de carácter individual exclusivamente para las personas residentes en la Comunidad de Madrid, en todo caso, en la forma y condiciones previstas en la legislación general que resulte de aplicación, atendiendo a los principios de igualdad y solidaridad y equidad en el acceso.

5. La Red Sanitaria Única de Utilización Pública integrada por todos los proveedores sanitarios públicos dependientes de la Comunidad de Madrid y por aquellos privados o públicos que, previa acreditación y concertación, puedan prestar servicios al Sistema Público, según se establezca reglamentariamente, tiene carácter:

a) Orgánico.
b) Funcional.
c) Territorial.
d) Ninguna es correcta.

6. ¿Qué órgano es competente para nombrar y cesar al Director General del Servicio Madrileño de Salud?

a) El Consejero de Sanidad.
b) El Gobierno de la Comunidad de Madrid.
c) La Asamblea Legislativa.
d) El Presidente del Gobierno de la Comunidad de Madrid.

7. Una de las siguientes competencias no corresponde al Gobierno de la Comunidad de Madrid:

a) La aprobación de la estructura orgánica del Servicio Madrileño de la Salud, el acuerdo de constitución de organismos dependientes del mismo y de su proyecto de presupuesto.
b) La aprobación de la estructura orgánica del Instituto de Salud Pública de la Comunidad de Madrid, el acuerdo de constitución de organismos dependientes del mismo y de su proyecto de presupuesto.
c) La aprobación de la estructura orgánica de la Agencia de Formación, Investigación y Estudios Sanitarios de la Comunidad de Madrid, el acuerdo de constitución de organismos dependientes de la misma y su proyecto de presupuesto.
d) La aprobación del Plan de Salud.

8. Indique cuál de las siguientes competencias, corresponde a la Consejería de Sanidad:

a) El establecimiento de normas y criterios de actuación en cuanto a la acreditación de centros y servicios.
b) El nombramiento y cese del Director General de la Agencia de Formación, Investigación y Estudios Sanitarios de la Comunidad de Madrid.
c) La aprobación de la estructura orgánica del Servicio Madrileño de la Salud, el acuerdo de constitución de organismos dependientes del mismo y de su proyecto de presupuesto.
d) Ninguna es correcta.

9. La dirección, planificación y programación del Sistema Sanitario es competencia de:

a) La Consejería de Sanidad.
b) El Gobierno de la Comunidad de Madrid.
c) El órgano competente de la Consejería de Sanidad.
d) Ninguna es correcta.

10. El dispositivo sanitario público y las prestaciones sanitarias derivadas del Sistema Nacional de Salud se financiarán con cargo a:

a) Los recursos que le puedan corresponder por la participación de la Comunidad de Madrid en los Presupuestos Generales del Estado.
b) Los rendimientos obtenidos de los fondos y tributos cedidos total o parcialmente por el Estado a la Comunidad de Madrid para fines sanitarios.
c) Los recursos no contemplados en el apartado b) anterior que le puedan ser asignados con cargo a los Presupuestos Generales de la Comunidad de Madrid.
d) Todas son correctas.

11. La aprobación del informe del Estado de Salud de la Comunidad de Madrid, es una competencia de:

a) El Gobierno.
b) La Consejería de Sanidad.
c) El Servicio Madrileño de Salud.
d) El Ministerio competente en Sanidad.

12. En lo que respecta a la Salud Laboral, la Administración de la Comunidad de Madrid:

a) Desarrollará la prevención, protección, promoción y mejora de la salud integral del trabajador.
b) Prestará la asistencia farmacéutica promoviendo su correcta y adecuada utilización.
c) Controlará y mejorará la calidad de la asistencia sanitaria en todos sus niveles.
d) Fomentará las actividades de investigación en el campo de las ciencias de la salud e innovación tecnológica.

13. Constituyen fuentes de financiación del Sistema Sanitario Público de la Comunidad de Madrid las siguientes. Indique la opción incorrecta:

a) Las partidas consignadas en los presupuestos de los Ayuntamientos de la Comunidad de Madrid que, con carácter suficiente, estén destinadas a atender el gasto que se derive del cumplimiento de las funciones y competencias sanitarias que les correspondan.
b) Las subvenciones y aportaciones voluntarias de entidades y particulares a los entes de naturaleza pública.
c) Los rendimientos obtenidos de los fondos y tributos cedidos total o parcialmente por la Comunidad de Madrid al Estado, para fines sanitarios.
d) Ninguna es correcta.

14. En relación a la Autoridad Sanitaria de la Comunidad de Madrid, indique la opción correcta:

a) Le corresponde a la Autoridad Sanitaria de la Comunidad de Madrid, en el ámbito de su competencia, la coordinación sanitaria cuyo propósito es el de vertebrar el Sistema Sanitario, integrando la diversidad de actuaciones de la sociedad civil y las distintas administraciones sanitarias, en relación con los objetivos de salud y evitando las disfunciones que puedan dificultar la funcionalidad del Sistema.

b) El Gobierno de la Comunidad de Madrid ejerce la función de Autoridad Sanitaria.

c) Será competente para autorizar productos farmacéuticos y sanitarios.

d) Todas son correctas.

15. La Administración Sanitaria de la Comunidad de Madrid, a través de los recursos y medios de los que dispone el Sistema Sanitario y de los organismos competentes en cada caso, promoverá, impulsará y desarrollará las actuaciones de salud pública encaminadas a garantizar los derechos de protección de la salud de la población de la Comunidad de Madrid, desde una perspectiva comunitaria, con especial énfasis en:

a) La atención integral de la salud en todos los ámbitos asistenciales, así como las actuaciones sanitarias que sean necesarias como apoyo a la atención sociosanitaria.

b) La atención integrada de salud mental potenciando los recursos asistenciales en el ámbito ambulatorio, los sistemas de hospitalización parcial, la atención domiciliaria, la rehabilitación psicosocial en coordinación con los servicios sociales, y realizándose las hospitalizaciones psiquiátricas, cuando se requiera, en unidades psiquiátricas hospitalarias.

c) La asistencia sanitaria a las emergencias, catástrofes y urgencias en la Comunidad de Madrid.

d) La vigilancia en salud pública y la difusión de la información epidemiológica general y específica para fomentar el conocimiento detallado de los problemas de salud.

16. En lo que respecta a la Salud Laboral la Administración de la Comunidad de Madrid:

a) Promoverá actuaciones en materia de Salud Laboral, en el marco de lo dispuesto en la legislación vigente.

b) Desarrollará la prevención, protección, promoción y mejora de la salud integral del trabajador.

c) Será competencia de la Consejería de Sanidad de la Comunidad de Madrid, el desarrollo como mínimo de la promoción general de la salud integral de la población incluida la relacionada con el ámbito laboral.

d) Todas son correctas.

17. ¿Qué competencias ejercerán las Corporaciones Locales, según indica la Ley 12/2001?

a) Control sanitario y salubridad.

b) Vacunación.

c) Control farmacéutico.

d) Ninguna es correcta.

18. ¿Qué recurso se puede interponer contra los actos administrativos de la Consejería de Sanidad de la Comunidad de Madrid?

a) Únicamente el recurso contencioso-administrativo.

b) Exclusivamente el recurso potestativo de reposición.

c) El recurso de alzada, en todo caso.

d) Los recursos que correspondan en los mismos casos, plazos y formas previstos en la Ley de Procedimiento Administrativo.

19. El dispositivo sanitario público y las prestaciones sanitarias derivadas del Sistema Nacional de Salud se financiarán con cargo a:

a) Los recursos que le puedan corresponder por la participación de la Comunidad de Madrid en los Presupuestos municipales.

b) Los rendimientos obtenidos de los fondos y tributos cedidos total o parcialmente por el Estado a la Comunidad de Madrid para fines sanitarios.

c) Las subvenciones y aportaciones voluntarias de entidades y particulares a los entes de naturaleza privada.

d) Todas son correctas.

20. Señala la opción correcta:

a) La creación del Sistema Sanitario de la Comunidad de Madrid se realiza bajo el principio de universalidad del Sistema Nacional de Salud, con el objeto de consolidar la vertebración, la equidad y la igualdad efectiva en el acceso a sus prestaciones.

b) La creación del Sistema Sanitario de la Comunidad de Madrid se realiza bajo el principio de vertebración del Sistema Nacional de Salud, con el objeto de consolidar la universalidad, la equidad y la igualdad efectiva en el acceso a sus prestaciones.

c) La creación del Sistema Sanitario de la Comunidad de Madrid se realiza bajo el principio de igualdad en el Sistema Nacional de Salud, con el objeto de consolidar la universalidad, la equidad y la no discriminación en el acceso a sus prestaciones.

d) La creación del Sistema Sanitario de la Comunidad de Madrid se realiza bajo el principio de vertebración del Sistema Nacional de Salud, con el objeto de consolidar la eficacia, la equidad y la eficiencia en el acceso a sus prestaciones.

En MADTEST tienes **más preguntas de este tema**, y todos tus avances quedan registrados y se reflejan en el ranking.

¡Supera tus límites con MADTEST!

Solución al test n.º 4

1. c) Se publicó en el BOCM el 26 de diciembre de 2001.

2. b) Al Consejo de Gobierno de la Comunidad de Madrid.

3. a) La Consejería de Sanidad.

4. d) Universalización de los servicios sanitarios de carácter individual exclusivamente para las personas residentes en la Comunidad de Madrid, en todo caso, en la forma y condiciones previstas en la legislación general que resulte de aplicación, atendiendo a los principios de igualdad y solidaridad y equidad en el acceso.

5. b) Funcional.

6. b) El Gobierno de la Comunidad de Madrid.

7. d) La aprobación del Plan de Salud.

8. a) El establecimiento de normas y criterios de actuación en cuanto a la acreditación de centros y servicios.

9. b) El Gobierno de la Comunidad de Madrid.

10. d) Todas son correctas.

11. b) La Consejería de Sanidad.

12. a) Desarrollará la prevención, protección, promoción y mejora de la salud integral del trabajador.

13. c) Los rendimientos obtenidos de los fondos y tributos cedidos total o parcialmente por la Comunidad de Madrid al Estado, para fines sanitarios.

14. a) Le corresponde a la Autoridad Sanitaria de la Comunidad de Madrid, en el ámbito de su competencia, la coordinación sanitaria cuyo propósito es el de vertebrar el Sistema Sanitario, integrando la diversidad de actuaciones de la sociedad civil y las distintas administraciones sanitarias, en relación con los objetivos de salud y evitando las disfunciones que puedan dificultar la funcionalidad del Sistema.

15. d) La vigilancia en salud pública y la difusión de la información epidemiológica general y específica para fomentar el conocimiento detallado de los problemas de salud.

16. d) Todas son correctas.

17. a) Control sanitario y salubridad.

18. d) Los recursos que correspondan en los mismos casos, plazos y formas previstos en la Ley de Procedimiento Administrativo.

19. b) Los rendimientos obtenidos de los fondos y tributos cedidos total o parcialmente por el Estado a la Comunidad de Madrid para fines sanitarios.

20. b) La creación del Sistema Sanitario de la Comunidad de Madrid se realiza bajo el principio de vertebración del Sistema Nacional de Salud, con el objeto de consolidar la universalidad, la equidad y la igualdad efectiva en el acceso a sus prestaciones.

TEST N.º 5

La ley 1/2004, de Medidas de Protección Integral contra la Violencia de Género: principios rectores, medidas de sensibilización, prevención y detección en el ámbito sanitario. Derechos de las funcionarias públicas. Ley 5/2005, de 20 de diciembre, integral contra la violencia de género de la Comunidad de Madrid. Ley Orgánica 3/2007, para la Igualdad Efectiva de Mujeres y Hombres: Objeto y ámbito de la ley. Integración del principio de igualdad en la política de salud. Modificaciones de la Ley General de Sanidad. Ley 3/2016, de 22 de julio, de protección integral contra la LGTBfobia y la discriminación por razón de orientación en identidad sexual en la Comunidad de Madrid

1. La aplicación de la Ley Orgánica 1/2004, de 28 de diciembre:

a) No supone la existencia necesariamente de convivencia entre la víctima y el agresor.
b) Supone que en algún momento anterior haya existido convivencia entre la víctima y el agresor,
c) Supone la convivencia, al menos en el momento del hecho, entre la víctima y el agresor.
d) Supone siempre la inexistencia de convivencia entre la víctima y el agresor.

2. Las medidas de protección integral de la Ley Orgánica 1/2004, de 28 de diciembre:

a) No tienen finalidad sancionadora.
b) Su finalidad es esencialmente reparadora.
c) Tienen finalidad previsora y sancionadora.
d) Tienen finalidad prioritariamente sancionadora.

3. La violencia de género a que se refiere la Ley Orgánica 1/2004, de 28 de diciembre:

a) Comprende excepcionalmente la violencia psicológica
b) Comprende la violencia psicológica siempre que vaya unida a la violencia física.

45

c) Excluye la violencia psicológica.

d) Incluye la violencia psicológica por sí.

4. La violencia de género a que se refiere la Ley Orgánica 1/2004, de 28 de diciembre:

a) Incluye las amenazas y las coacciones.

b) Incluye las amenazas y las coacciones solo cuando vayan acompañadas o seguidas de privación de libertad.

c) Incluye las amenazas, pero no las coacciones salvo que vayan seguidas de hechos violentos.

d) Incluye las coacciones pero no las amenazas salvo que vayan seguidas de hechos violentos.

5. La Ley Orgánica 1/2004, de 28 de diciembre tiene como objetivo establecer un sistema integral de tutela institucional:

a) Por parte de la Administración Estatal y de las Administraciones de las Comunidades Autónomas que tengan competencia sobre la materia, así como de las Entidades Locales.

b) Por parte de las Cortes y de las Asambleas Legislativas de las Comunidades Autónomas.

c) Por parte de la Administración General del Estado

d) Por parte de la Administración Estatal y de las Administraciones de las Comunidades Autónomas.

6. La LO 1/2004 tiene por objeto:

a) Actuar contra la violencia que, como manifestación de la discriminación, la situación de desigualdad y las relaciones de poder de los hombres sobre las mujeres, se ejerce sobre éstas por parte de quienes sean o hayan sido sus cónyuges o de quienes estén o hayan estado ligados a ellas por relaciones similares de afectividad, aun sin convivencia.

b) Actuar contra la violencia que, como manifestación de la discriminación, la situación de desigualdad y las relaciones de poder de los hombres sobre las mujeres, se ejerce sobre éstas por parte de quienes sean o hayan sido sus cónyuges o de quienes estén o hayan estado ligados a ellas por relaciones similares de afectividad, siempre que exista convivencia.

c) Actuar contra la violencia que, como manifestación de la discriminación, la situación de desigualdad y las relaciones de poder de los hombres sobre las mujeres, se ejerce sobre éstas por parte de quienes sean sus cónyuges o de quienes estén ligados a ellas por relaciones similares de afectividad, siempre que exista convivencia.

d) Actuar contra la violencia que, como manifestación de la discriminación, la situación de desigualdad y las relaciones de poder de los hombres sobre las mujeres, se ejerce sobre éstas por parte de quienes sean sus cónyuges o de quienes estén ligados a ellas por relaciones similares de afectividad, aun sin convivencia.

7. Conforme al artículo 2 de la LO 1/2004, un principio rector de esta ley es consagrar los derechos de las mujeres víctimas de violencia de género exigibles ante las Administraciones Públicas, y así asegurar un acceso a los servicios establecidos al efecto, rápido, transparente y:

a) Eficaz.
b) Duradero.
c) Seguro.
d) Económico.

8. Según el artículo 2 de la LO 1/2004, uno de los fines a alcanzar a través del conjunto integral de medidas articulado en esta ley es, garantizar derechos económicos para las mujeres víctimas de violencia de género:

a) Así como establecer un sistema para la más eficaz coordinación de los servicios ya existentes a nivel municipal y autonómico.
b) Para asegurar la prevención de los hechos de violencia de género.
c) Con el fin de facilitar su integración social.
d) Promoviendo la colaboración y participación de las entidades, asociaciones y organizaciones que desde la sociedad civil actúan contra la violencia de género.

9. Conforme al artículo 3 de la LO 1/2004, el Plan Nacional de Sensibilización y Prevención de la Violencia de Género debe dirigirse tanto a hombres como a mujeres desde un trabajo comunitario y:

a) Multidisciplinar.
b) Integral.
c) Complementario.
d) Intercultural.

10. Conforme al artículo 3 de la LO 1/2004, con el fin de prevenir la violencia de género, en el marco de sus competencias, los poderes públicos deben impulsar:

a) Cursos de información y sensibilización.
b) Campañas de información y sensibilización.
c) Programas de información y sensibilización.
d) Jornadas de información y sensibilización.

11. La Comisión contra la Violencia de Género del Consejo Interterritorial del Sistema Nacional de Salud estará compuesta por representantes:

a) De todos los Parlamentos autonómicos.
b) De las asociaciones y organizaciones no gubernamentales cuyo fin sea la prevención y erradicación de la violencia de género.
c) De todas las Comunidades Autónomas con competencia en la materia.
d) De todos los partidos políticos con representación parlamentaria.

12. Las ausencias o faltas de puntualidad al trabajo motivadas por la situación física o psicológica derivada de la violencia de género se considerarán:

a) Justificadas, cuando así lo determinen las autoridades judiciales.
b) Justificadas en todo caso.
c) Justificadas, cuando así lo determinen los servicios sociales de atención o servicios de salud, según proceda.
d) Faltas leves.

13. Señale la respuesta incorrecta. Según la Ley Orgánica 1/2004, de 28 de diciembre, de medidas de protección integral contra la violencia de género, las funcionarias víctimas de violencia de género tendrán derecho a:

a) La movilidad geográfica de centro de trabajo.
b) La excedencia por este motivo.
c) Acceder a la promoción interna de forma preferente.
d) La reducción o reordenación de su tiempo de trabajo.

14. La Comunidad de Madrid, en colaboración con las Corporaciones Locales, realizará un estudio sobre el impacto de la violencia de género en la Región, así como una valoración de necesidades, recursos y servicios de atención a las víctimas:

a) Semestralmente.
b) Anualmente.
c) Bianualmente.
d) Cada cuatro años.

15. Teniendo en cuenta que la Violencia de Género tiene su origen en la desigualdad entre hombres y mujeres, la atención a las víctimas en la Comunidad de Madrid se realizará desde la consideración de las causas estructurales del problema, así como de las especiales circunstancias en las que aquellas se encuentran, en virtud del principio de:

a) Asistencia integral.
b) Efectividad.
c) Integración.
d) Perspectiva de género.

16. Los pisos tutelados de la Comunidad de Madrid, tienen por objeto dispensar alojamiento y seguimiento psicosocial a las mujeres y personas a su cargo que han finalizado el proceso de atención en un Centro de Acogida y que continúan precisando de apoyo en la consecución de su autonomía personal por un tiempo máximo de:

a) 6 meses.
b) 12 meses.
c) 18 meses.
d) 2 años.

17. Los Centros de Emergencia de la Comunidad de Madrid, tienen por objeto dispensar alojamiento seguro e inmediato, así como manutención y otros gastos a las mujeres y menores a su cargo, por un tiempo máximo de:

a) 2 meses.
b) 4 meses.
c) 12 meses.
d) 18 meses.

18. En la Comunidad de Madrid, la atención psicológica y social, dirigida a las mujeres víctimas de Violencia de Género y los menores que se encuentren bajo su patria potestad, tutela, guarda o situación análoga y personas dependientes de la mujer víctima de Violencia de Género, tiene por objeto reparar el daño sufrido mediante una intervención integral y:

a) Humanitaria.
b) Especializada.
c) Colegiada.
d) Transparente.

19. ¿Cuál de las siguientes es la Ley integral contra la violencia de género de la Comunidad de Madrid?

a) Ley 5/2005, de 20 de diciembre.
b) Ley 20/2005, de 5 de diciembre.
c) Ley 15/2010, de 20 de noviembre.
d) Ley 10/2010, de 5 de noviembre.

20. En relación con el acceso de las mujeres víctimas de violencia de género a los correspondientes servicios de información y orientación jurídica de la Comunidad de Madrid, es cierto que:

a) Deberán aportar documento acreditativo de su condición de víctima.
b) Deberán prestar sus datos de identificación personal.
c) Tendrán que acudir acompañadas de un testigo.
d) Podrán conservar su anonimato.

En MADTEST tienes **más preguntas de este tema**, y todos tus avances quedan registrados y se reflejan en el ranking.

¡Supera tus límites con MADTEST!

Solución al test n.º 5

1. a) No supone la existencia necesariamente de convivencia entre la víctima y el agresor.

2. c) Tienen finalidad previsora y sancionadora.

3. d) Incluye la violencia psicológica por sí.

4. a) Incluye las amenazas y las coacciones.

5. c) Por parte de la Administración General del Estado.

6. a) Actuar contra la violencia que, como manifestación de la discriminación, la situación de desigualdad y las relaciones de poder de los hombres sobre las mujeres, se ejerce sobre éstas por parte de quienes sean o hayan sido sus cónyuges o de quienes estén o hayan estado ligados a ellas por relaciones similares de afectividad, aun sin convivencia.

7. a) Eficaz.

8. c) Con el fin de facilitar su integración social.

9. d) Intercultural.

10. b) Campañas de información y sensibilización.

11. c) De todas las Comunidades Autónomas con competencia en la materia.

12. c) Justificadas, cuando así lo determinen los servicios sociales de atención o servicios de salud, según proceda.

13. c) Acceder a la promoción interna de forma preferente.

14. c) Bianualmente.

15. d) Perspectiva de género.

16. c) 18 meses.

17. a) 2 meses.

18. b) Especializada.

19. a) Ley 5/2005, de 20 de diciembre.

20. d) Podrán conservar su anonimato.

TEST N.º 6

Ley 11/2017, de 22 de diciembre, de Buen Gobierno y Profesionalización de la Gestión de los Centros y Organizaciones Sanitarias del Servicio Madrileño de Salud

1. No es un órgano de asesoramiento y participación:

a) La Junta Técnico Asistencial.
b) Las Comisiones Técnicas Consultivas.
c) Las Comisiones de Dirección.
d) Los Consejos Territoriales de Salud.

2. ¿A quién le corresponde examinar y evaluar la actividad asistencial y su vinculación con la ejecución presupuestaria de la organización?

a) A la Comisión de Dirección.
b) A la Junta Técnico Asistencial.
c) A los Consejos Territoriales de Salud.
d) A la Junta de Gobierno.

3. La Junta de Gobierno se reunirá con carácter ordinario:

a) Al menos una vez al trimestre.
b) Al menos dos veces al mes.
c) Mensualmente.
d) Cada quince días.

4. Elaborar y elevar a la Junta de Gobierno para su aprobación y posterior remisión a la Dirección General del Servicio Madrileño de Salud, la memoria anual es competencia de:

a) La Junta Técnico Asistencial.
b) La Comisión de Dirección.
c) El personal directivo dependiente de la Dirección Gerencia o Dirección Territorial de Atención Primaria.
d) La Dirección Gerencia y la Dirección Territorial de Atención Primaria.

5. El mandato de los miembros de la Junta de Gobierno propuestos conforme al artículo 5.4.b) de la Ley 11/2017, será de:

a) Cinco años.
b) Cuatro años.
c) Tres años.
d) carácter vitalicio.

6. Las organizaciones del Servicio Madrileño de Salud contarán con personal directivo:

a) Su número y denominación dependerá de la naturaleza de la organización, de su tamaño y características específicas.
b) Por Ley se determinará la estructura marco para los diferentes tipos de organiza-ciones del Servicio Madrileño de Salud.
c) El Director General del SERMA propondrá la designación del personal directivo.
d) Todas son correctas.

7. Señala la respuesta correcta en relación a la composición de la Junta de Gobierno, que se establece como máximo:

a) Un Presidente, dos Vicepresidentes y 10 Vocales.
b) Un Presidente, un Vicepresidente y 11 Vocales.
c) Un Presidente, un Secretario y 7 Vocales.
d) Un Presidente, un Secretario y 10 Vocales.

8. ¿Cuántos Vocales de la Junta de Gobierno son propuestos por el Servicio Madrileño de Salud?

a) Ninguno.
b) Dos.
c) Cuatro.
d) Seis.

9. Entre los órganos de dirección de las organizaciones del Servicio Madrileño de Salud no se encuentra:

a) El Director Gerente.
b) El Director Territorial.
c) La Dirección Gerencia del SUMA 112.
d) Los Consejos Territoriales de Salud.

10. ¿A quién le corresponde promover la participación comunitaria en el ámbito de actuación de la Dirección Territorial de Atención Primaria?

a) Al Pleno de los Consejos Territoriales de Salud.
b) A las Comisiones Técnicas Consultivas.

c) A la Junta Técnico Asistencial.

d) Ninguna es correcta.

11. En las Direcciones Territoriales de Atención Primaria, no es una Comisión Técnica Consultiva:

a) La Comisión de Calidad y Seguridad del Paciente.

b) La Comisión de Salud Mental.

c) La Comisión de Formación e Investigación.

d) La Comisión de Evaluación de Tecnología.

12. En relación a la Comisión de Dirección es cierto que:

a) Estará presidida por el Consejero de Sanidad.

b) Le corresponde realizar el control del gasto ajustado a la actividad establecida en el contrato programa.

c) Asume la coordinación de los diferentes niveles asistenciales así como de los diversos dispositivos socio-sanitarios.

d) Ejerce el control de la ejecución y consecución de objetivos.

13. ¿A qué órgano le corresponde, aprobar con periodicidad anual el inventario y la Memoria expresiva de las actividades asistenciales, docentes e investigadoras y de la gestión económica de la organización?

a) A la Junta de Gobierno.

b) Al Director Gerente.

c) A la Comisión de Dirección.

d) A la Junta Técnico Asistencial.

14. ¿Quién preside la Junta Técnica Asistencial en los centros hospitalarios?

a) El Director Territorial.

b) El Director Gerente.

c) El Director médico.

d) Ninguna es correcta.

15. Señala la respuesta correcta sobre los Consejos Territoriales de Salud:

a) Funcionarán en Pleno y en Comisión de Coordinación.

b) Su composición se fijará por Ley.

c) Formará parte del mismo el director territorial de atención especializada.

d) Su Presidente, será el alcalde del municipio donde se ubique el hospital o Dirección Territorial de Atención Primaria.

16. La Comisión de Tejidos y Tumores es una Comisión Técnica Consultiva:

a) En los hospitales del Servicio Madrileño de Salud.

b) Es una Comisión creada si la actividad desarrollada y las características del centro hospitalario lo aconsejan.

c) Es una Comisión en las Direcciones Territoriales de Atención Primaria.
d) Ninguna es correcta.

17. Respecto a los informes, dictámenes y recomendaciones de la Junta Técnica Asistencial es cierto que:

a) Son vinculantes.
b) Las actuaciones en las que no se atienda su criterio requerirán notificación.
c) Las actuaciones en las que no se atienda su criterio requerirán motivación suficiente y adecuada.
d) Todas son correctas.

18. El SUMA 112 es:

a) Un órgano directivo unipersonal.
b) Un órgano de Dirección unipersonal.
c) Un órgano de asesoramiento y participación.
d) Ninguna es correcta.

19. Tener acceso regular al cuadro de mando de la organización sobre toda la actividad asistencial de la misma incluyendo tiempos de demora en los diversos servicios es competencia de:

a) La Comisión de Dirección.
b) La Junta Técnica Asistencial.
c) Los Consejos Territoriales de Salud.
d) La Junta de Gobierno.

20. ¿A quién debe elevar los informes que considere necesario la Junta Técnico Asistencial?

a) A ningún órgano.
b) A la Dirección Gerencia de los centros hospitalarios.
c) A la Dirección Territorial de Atención Primaria.
d) A la Junta de Gobierno y a la Comisión de Dirección.

En MADTEST tienes **más preguntas de este tema,** y todos tus avances quedan registrados y se reflejan en el ranking.

¡Supera tus límites con MADTEST!

Solución al test n.º 6

1. c) Las Comisiones de Dirección.

2. d) A la Junta de Gobierno.

3. a) Al menos una vez al trimestre.

4. d) La Dirección Gerencia y la Dirección Territorial de Atención Primaria.

5. a) Cinco años.

6. a) Su número y denominación dependerá de la naturaleza de la organización, de su tamaño y características específicas..

7. b) Un Presidente, un Vicepresidente y 11 Vocales.

8. d) Seis.

9. d) Los Consejos Territoriales de Salud.

10. a) Al Pleno de los Consejos Territoriales de Salud.

11. d) La Comisión de Evaluación de Tecnología.

12. b) Le corresponde realizar el control del gasto ajustado a la actividad establecida en el contrato programa.

13. a) A la Junta de Gobierno.

14. c) El Director médico.

15. a) Funcionarán en Pleno y en Comisión de Coordinación.

16. b) Es una Comisión creada si la actividad desarrollada y las características del centro hospitalario lo aconsejan.

17. c) Las actuaciones en las que no se atienda su criterio requerirán motivación suficiente y adecuada.

18. b) Un órgano de Dirección unipersonal.

19. b) La Junta Técnica Asistencial.

20. d) A la Junta de Gobierno y a la Comisión de Dirección.

TEST N.º 7

Ley 41/2002, de 14 de noviembre, básica reguladora de la autonomía del paciente y de derechos y obligaciones en materia de información y documentación clínica. El derecho de información sanitaria. El derecho a la intimidad. El respeto a la autonomía del paciente. La historia clínica. El consentimiento informado. La tarjeta sanitaria

1. La Ley de Autonomía del Paciente establece la obligatoriedad de obtener el consentimiento informado del paciente:

a) Solo en los casos de intervención quirúrgica.

b) Solo en los casos de aplicación de procedimientos que supongan grandes riesgos o inconvenientes de notoria repercusión negativa sobre su salud.

c) Para toda actuación en el ámbito de su salud.

d) La Ley no establece esta obligación.

2. Tal y como establece la Ley 41/2002, de Autonomía del Paciente, en caso de que el paciente no acepte el tratamiento se le propondrá que firme el alta voluntaria y si no la firma la Dirección del Centro:

a) Puede disponer el alta forzosa.

b) Firmará en su nombre el alta involuntaria.

c) Mantendrá el ingreso por periodo mínimo de cinco días naturales.

d) No está reconocida la negativa al tratamiento de los pacientes.

3. El derecho del paciente a no ser informado:

a) No está reconocido por la ley.

b) Podrá restringirse en cualquier momento.

c) Podrá restringirse cuando sea estrictamente necesario en beneficio del paciente.

d) Solo podrá ejercitarse si el paciente designa a un familiar o a otra persona a la que se le facilite la información.

4. El reconocimiento legal de que se respeten los deseos expresados anteriormente en el documento de *instrucciones previas* es una manifestación del derecho:

a) A la información sanitaria.
b) A la segunda opinión.
c) A la autonomía del paciente.
d) A la información post-mortem.

5. Indique la proposición incorrecta en relación con los requisitos del consentimiento:

a) Debe ser libre.
b) Debe ser voluntario.
c) La decisión de consentir debe anteceder a una información adecuada.
d) La persona que lo presta debe tener capacidad para conocer, comprender y querer el alcance de su decisión.

6. La Ley 41/2002, de Autonomía del paciente, establece que, como regla general, el consentimiento se manifestará en forma:

a) Verbal.
b) Escrita.
c) Documental.
d) Ante testigos.

7. Según establece la Ley 41/2002, de Autonomía del paciente, el paciente o usuario tiene derecho a decidir libremente entre las opciones clínicas disponibles después de recibir:

a) Información completa.
b) Información adecuada.
c) Información documental.
d) Información escrita.

8. La renuncia del paciente a recibir información:

a) No se reconoce por la ley.
b) Está limitada por el interés de la salud del propio paciente.
c) No está limitada por el interés de la salud de terceros.
d) Ninguna de las anteriores es correcta.

9. Según establece la Ley 41/2002, de Autonomía del paciente, ha de constar siempre por escrito:

a) La información al paciente.
b) El consentimiento informado.

c) La aceptación del tratamiento.

d) La negativa al tratamiento.

10. En la legislación sanitaria española, el consentimiento escrito del paciente:

a) Es una exigencia legal.

b) Es conveniente.

c) Es obligatorio en determinados supuestos.

d) No es necesario.

11. Según establece la Ley de Autonomía del Paciente el consentimiento se prestará por escrito en el caso de:

a) Realización de una actuación sanitaria en el paciente.

b) Aplicación en el paciente de un procedimiento no invasor.

c) Intervención quirúrgica.

d) Aplicación de procedimientos de imprevisible repercusión negativa sobre la salud del paciente.

12. Según determina la Ley 41/2002, el paciente tiene derecho a recibir un informe de alta:

a) Solo si ha existido ingreso hospitalario.

b) A la finalización del proceso asistencial.

c) En cuyo contenido mínimo habrán de figurar, entre otros, datos de información sanitaria epidemiológica.

d) Previa solicitud.

13. Existen supuestos legales en los que los facultativos pueden llevar a cabo las intervenciones clínicas indispensables en favor de la salud del paciente sin necesidad de contar con su consentimiento ni el de sus representantes o familiares. Señale uno de ellos:

a) Cuando el paciente esté incapacitado legalmente.

b) Cuando existe riesgo para la salud pública según determinen las autoridades sanitarias.

c) En caso de riesgo inmediato grave para la integridad física de otro paciente.

d) Cuando el paciente no sea capaz de tomar decisiones.

14. La Ley de Autonomía del paciente reconoce el derecho a que se respeten los deseos expresados anteriormente en el:

a) Testamento vital.

b) Documento de voluntades anticipadas.

c) Documento de instrucciones previas.
d) Documento de instrucciones preliminares.

15. No serán aplicadas las instrucciones previas:

a) Que no se hayan formalizado ante notario.
b) Que incorporen actuaciones previstas en el ordenamiento jurídico.
c) Que incorporen previsiones contrarias a la buena práctica clínica.
d) Que se correspondan exactamente con el supuesto de hecho previsto por el sujeto en el momento de emitirlas.

16. ¿Cuándo puede revocar el paciente su consentimiento?

a) Hasta 48 horas antes de llevarse a cabo la intervención que hubiese consentido.
b) En cualquier momento.
c) Cuando así lo considere oportuno el director del centro sanitario.
d) Nunca, si lo prestó por escrito.

17. ¿En cuál de los siguientes supuestos se otorgará el consentimiento por representación?

a) Cuando el paciente esté incapacitado legalmente.
b) Cuando el paciente mayor de edad no sea capaz intelectual ni emocionalmente de comprender el alcance de la intervención.
c) Cuando el paciente, aun cuando sea capaz de tomar decisiones, a criterio del médico responsable de la asistencia, considere que no es suficientemente adulto como para entender su situación.
d) Todas las respuestas son correctas.

18. ¿En qué circunstancias se puede proceder sobre el paciente sin su consentimiento?

a) En una intervención quirúrgica rutinaria.
b) En un cateterismo necesario, aunque existan otras alternativas.
c) En situaciones de riesgos para la Salud Pública.
d) En la realización de una radiografía simple como prueba complementaria.

19. ¿Cuándo se otorgará consentimiento informado por el representante del paciente?

a) Nunca.
b) Cuando éste no sea capaz de tomar decisiones por encontrarse en coma.
c) Cuando éste no sea capaz de tomar decisiones por alteración grave de su estado psíquico.
d) Son ciertas b) y c).

20. ¿Qué no es cierto o no se reconoce del documento de instrucciones previas?

a) La voluntad de una persona mayor de edad, capaz y libre.

b) La voluntad que su contenido se cumpla "a posteriori" del procedimiento quirúrgico o/y médico a seguir con el paciente que lo realiza, ante la imposibilidad que él pueda otorgar su consentimiento.

c) La voluntad del paciente ante una circunstancia física que le impida dar su consentimiento, respecto a cuidados y el tratamiento de su salud.

d) La voluntad de los familiares, del fin de su cadáver, aunque él diga lo contrario en el documento de instrucciones previas.

En MADTEST tienes **más preguntas de este tema**, y todos tus avances quedan registrados y se reflejan en el ranking.

¡Supera tus límites con MADTEST!

Solución al test n.º 7

1. c) Para toda actuación en el ámbito de su salud.

2. a) Puede disponer el alta forzosa.

3. c) Podrá restringirse cuando sea estrictamente necesario en beneficio del paciente.

4. c) A la autonomía del paciente.

5. c) La decisión de consentir debe anteceder a una información adecuada.

6. a) Verbal.

7. b) Información adecuada.

8. b) Está limitada por el interés de la salud del propio paciente.

9. d) La negativa al tratamiento.

10. c) Es obligatorio en determinados supuestos.

11. c) Intervención quirúrgica.

12. b) A la finalización del proceso asistencial.

13. d) Cuando el paciente no sea capaz de tomar decisiones.

14. c) Documento de instrucciones previas.

15. c) Que incorporen previsiones contrarias a la buena práctica clínica.

16. b) En cualquier momento.

17. a) Cuando el paciente esté incapacitado legalmente.

18. c) En situaciones de riesgos para la Salud Pública.

19. d) Son ciertas b) y c).

20. d) La voluntad de los familiares, del fin de su cadáver, aunque él diga lo contrario en el documento de instrucciones previas.

TEST N.º 8

Ley 55/2003, de 16 de diciembre del Estatuto Marco del Personal Estatutario de los Servicios de Salud: clasificación del personal. Derechos y deberes. Adquisición y pérdida de la condición de personal estatutario. Régimen disciplinario

1. La Ley 55/2003 del Estatuto Marco de Personal Estatutario de los Servicios de Salud es aplicable:

a) Al personal estatutario de los servicios de salud.
b) Al personal sanitario excluyendo al personal de gestión y servicios.
c) Al personal funcionario de las Comunidades Autónomas.
d) Al personal funcionario del Estado.

2. El personal estatutario con nombramiento expedido para el ejercicio de una profesión o especialidad sanitaria se denomina:

a) Personal sanitario.
b) Otro personal.
c) Personal de mantenimiento.
d) Personal de gestión y servicios.

3. El personal estatutario con nombramiento expedido para el desempeño de funciones de gestión o para el desempeño de profesiones u oficios que no tengan carácter sanitario se denomina:

a) Personal universitario.
b) Personal de gestión y servicios.
c) Personal directivo.
d) Personal administrativo.

4. Conforme a lo dispuesto en el artículo 2.2 de la Ley 55/2003, de 16 de diciembre, del Estatuto Marco del personal estatutario de los servicios de salud, en lo no previsto en la misma serán aplicables al personal estatutario:

a) Las disposiciones y principios generales sobre función pública de la Administración correspondiente.

b) Las disposiciones de derecho laboral, dictadas al amparo del artículo 149.1.7º de la Constitución.

c) Las disposiciones sobre función pública de la Administración del Estado, en todo caso, conforme a lo dispuesto en el artículo 149.3 de la Constitución.

d) El convenio colectivo del personal laboral al servicio de la Administración correspondiente.

5. Conforme al artículo 6.2 de la Ley 55/2003, de 16 de diciembre, del Estatuto Marco del personal estatutario de los servicios de salud, atendiendo al nivel académico del título exigido para el ingreso, el personal estatutario sanitario de formación profesional se divide en:

a) Técnicos sanitarios y Auxiliares de Enfermería.

b) Técnicos superiores y Técnicos.

c) Técnicos superiores y Técnicos de gestión.

d) Técnicos especialistas y Técnicos.

6. La categoría profesional de Celador está comprendida dentro del grupo de:

a) Personal de gestión y servicios.

b) Personal no estatutario.

c) Personal estatutario sanitario.

d) Personal estatutario de formación profesional.

7. Es personal Estatutario Sanitario:

a) El que ejerce una profesión o especialidad sanitaria.

b) El que ostenta esta condición en virtud de nombramiento expedido para el ejercicio de una profesión o especialización sanitaria.

c) El que desempeña una categoría clasificada como sanitaria.

d) Quien ejerza una profesión sanitaria sin ostentar la condición de funcionario.

8. El personal Estatutario de Gestión y Servicio se clasifica en función del título exigido para el ingreso en:

a) Personal de formación universitaria, personal de formación personal y otro personal.

b) Personal universitario, personal de formación profesional y personal subalterno.

c) Personal licenciado universitario, personal de administración y personal auxiliar.

d) Ninguna es correcta.

9. En el supuesto de existencia de plaza vacante, son estatutarios interinos los que, por razones expresamente justificadas de necesidad y urgencia, son nombrados como tales con carácter temporal para el desempeño de funciones propias de estatutarios, cuando no sea posible su cobertura por personal estatutario fijo, durante un plazo máximo de:

a) Dos años.
b) Tres años.
c) Cuatros años.
d) Seis años.

10. El incumplimiento del plazo máximo de permanencia dará lugar a una compensación económica para el personal estatutario temporal afectado, que será equivalente a:

a) Veinte días de sus retribuciones fijas por año de servicio.
b) Veinte días de su sueldo, más trienios y complemento de destino por año de servicio.
c) Veinte días de todas sus retribuciones por año de servicio.
d) Veinte días de su sueldo por año de servicio.

11. No constituye un derecho individual del personal estatutario:

a) La estabilidad en el empleo.
b) La movilidad voluntaria.
c) El descanso necesario.
d) La negociación colectiva.

12. El régimen de derechos del personal estatutario será aplicable al personal temporal:

a) En la medida en que la naturaleza del derecho lo permita.
b) En todo caso.
c) En ningún caso.
d) Solo cuando así se establezca en su nombramiento.

13. En relación con los derechos y deberes regulados en el Estatuto Marco, no se considera un derecho colectivo:

a) La huelga.
b) La actividad sindical.
c) La reunión.
d) La estabilidad en el empleo.

14. Entre los siguientes derechos que le reconoce el Estatuto Marco al personal estatutario, ¿cuál de ellos no tiene el carácter de derecho individual?

a) La estabilidad en el empleo.
b) El respeto a la dignidad e intimidad personal en el trabajo.
c) La formación continuada adecuada a la función desempeñada.
d) Disponer de servicios de prevención y de órganos representativos en materia de seguridad laboral.

15. El personal estatutario de los servicios de salud tiene el deber de:

a) Participar en la elaboración de los convenios colectivos.
b) Realizar sus funciones fuera del horario y jornada habitual.
c) Realizar actividades sindicales.
d) Respetar la Constitución, el Estatuto de Autonomía correspondiente y el resto del ordenamiento jurídico.

16. Según el Estatuto Marco del Personal Estatutario de los Servicios de Salud, ¿cuál de los siguientes es un derecho colectivo?

a) Derecho a la percepción puntual de las retribuciones e indemnizaciones por razón del servicio en cada caso establecidas.
b) Derecho a la libre sindicación.
c) Derecho a la movilidad voluntaria, promoción interna y desarrollo profesional, en la forma en que prevean las disposiciones en cada caso aplicables.
d) Derecho a la jubilación en los términos y condiciones establecidas en las normas en cada caso aplicables.

17. La condición de personal estatutario fijo se adquiere:

a) Por la superación de las pruebas de selección, contrato firmado con el órgano competente e incorporación a una plaza.
b) Por la superación de las pruebas de selección, publicación de su designación en el boletín oficial correspondiente e incorporación a la plaza.
c) Por la superación de la prueba selectiva, nombramiento conferido por el órgano competente e incorporación a la plaza.
d) Ninguna es correcta.

18. Quienes no acrediten, una vez superado el proceso selectivo, que reúnen los requisitos y condiciones exigidos en la convocatoria:

a) No podrán ser nombrados hasta que subsanen el defecto.
b) No podrán ser nombrados, y quedarán sin efecto sus actuaciones.
c) Podrán ser nombrados de forma condicional.
d) Una vez superado el proceso selectivo, se entiende que reúnen los requisitos exigidos, salvo prueba en contrario.

19. No es causa de extinción de la condición de personal estatutario fijo:

a) La renuncia.
b) La jubilación.
c) La sanción disciplinaria firme de separación del servicio.
d) La incapacidad temporal.

20. La incapacidad permanente, cuando sea declarada en sus grados de incapacidad permanente total para la profesión habitual, absoluta para todo trabajo o gran invalidez conforme a las normas reguladoras del Régimen General de la Seguridad Social:

a) Da derecho a la reserva del puesto.
b) Produce la suspensión de la condición de personal estatutario.
c) Produce la pérdida de la condición de personal estatutario.
d) Imposibilita la recuperación de la condición de personal estatutario fijo.

En MADTEST tienes **más preguntas de este tema**, y todos tus avances quedan registrados y se reflejan en el ranking.

¡Supera tus límites con MADTEST!

Solución al test n.º 8

1. a) Al personal estatutario de los servicios de salud.

2. a) Personal sanitario.

3. b) Personal de gestión y servicios.

4. a) Las disposiciones y principios generales sobre función pública de la Administración correspondiente.

5. b) Técnicos superiores y Técnicos.

6. a) Personal de gestión y servicios.

7. b) El que ostenta esta condición en virtud de nombramiento expedido para el ejercicio de una profesión o especialización sanitaria.

8. a) Personal de formación universitaria, personal de formación personal y otro personal.

9. b) Tres años.

10. a) Veinte días de sus retribuciones fijas por año de servicio.

11. d) La negociación colectiva.

12. a) En la medida en que la naturaleza del derecho lo permita.

13. d) La estabilidad en el empleo.

14. d) Disponer de servicios de prevención y de órganos representativos en materia de seguridad laboral.

15. d) Respetar la Constitución, el Estatuto de Autonomía correspondiente y el resto del ordenamiento jurídico.

16. b) Derecho a la libre sindicación.

17. c) Por la superación de la prueba selectiva, nombramiento conferido por el órgano competente e incorporación a la plaza.

18. b) No podrán ser nombrados, y quedarán sin efecto sus actuaciones.

19. d) La incapacidad temporal.

20. c) Produce la pérdida de la condición de personal estatutario.

TEST N.º 9

Prevención de Riesgos Laborales. La Ley 31/1995, de 8 de noviembre, de Prevención de Riesgos Laborales: derechos y obligaciones; consulta y participación de los trabajadores. Prevención de riesgos laborales específicos de la categoría. Especial referencia a la manipulación manual de cargas y al riesgo biológico, medidas de prevención. Ergonomía: métodos de movilización de enfermos e incapacitados

1. Los representantes de los trabajadores con competencia en materia de prevención de riesgos laborales son:

a) Los miembros de la Junta de personal, Junta Facultativo y Junta de Enfermería.
b) Los técnicos de prevención de riesgos laborales.
c) El Servicio de Medicina Preventiva.
d) Los delegados de prevención.

2. Qué se entiende por "riesgo laboral":

a) La posibilidad de que un trabajador sufra un determinado daño derivado del trabajo.
b) La posibilidad de que un trabajador sufra una enfermedad en el trabajo.
c) La posibilidad de que un trabajador sufra acoso.
d) El riesgo que supone el ir a trabajar.

3. ¿Quién debe garantizar a los trabajadores la vigilancia periódica de su estado de salud en función de los riesgos inherentes al trabajo?:

a) La Inspección de Trabajo.
b) El propio trabajador.
c) El empresario.
d) Las secciones sindicales.

4. El derecho básico reconocido a los trabajadores por la Ley 31/1995, de 8 de noviembre, es:

a) La vigilancia de su estado de salud.
b) Una protección eficaz en materia de seguridad y salud en el trabajo.
c) La formación en materia preventiva.
d) La información, consulta y participación.

5. Indica cuál es la definición de prevención:

a) La probabilidad racional de que un riesgo se materialice de forma inminente.
b) El estudio de los procesos potencialmente peligrosos para el trabajo.
c) Conjunto de actividades o medidas adoptadas o previstas en todas las fases de actividad de la empresa con el fin de evitar o disminuir los riesgos derivados del trabajo.
d) Posibilidad de que un trabajador sufra un determinado daño derivado del trabajo.

6. Señale la respuesta incorrecta:

a) La Ley de Prevención de Riesgos Laborales se aplica a los operativos de Seguridad civil en casos de catástrofe.
b) La Ley de Prevención de Riesgos Laborales se aplica a las sociedades cooperativas.
c) En el ámbito de la relación laboral de carácter especial del servicio del hogar familiar, las personas trabajadoras tienen derecho a una protección eficaz en materia de seguridad y salud en el trabajo.
d) En los establecimientos penitenciarios, se adaptarán a la Ley de Prevención de Riesgos Laborales aquellas actividades cuyas características justifiquen una regulación especial.

7. ¿Cuál es la vigente Ley de Prevención de Riesgos Laborales?

a) Ley 32/1995, de 8 de noviembre.
b) Ley 30/1996, de 8 de noviembre.
c) Ley 31/1995, de 6 de noviembre.
d) Ley 31/1995, de 8 de noviembre

8. Entre los principios de la acción preventiva recogidos por el artículo 15 de la Ley de Prevención de Riesgos Laborales, no figura:

a) Evitar los riesgos.
b) Evaluar los riesgos que se puedan evitar.
c) Tener en cuenta la evolución de la técnica.
d) Dar las debidas instrucciones a los trabajadores.

9. ¿Cuántos delegados de prevención se deberán elegir en empresas entre 3001 y 4000 trabajadores?

a) 5.
b) 6.
c) 7.
d) 8.

10. En las empresas de hasta 30 trabajadores el Delegado de Prevención será:

a) El propio empresario.
b) El trabajador más antiguo.
c) El trabajador de mayor cualificación.
d) El delegado de personal.

11. Entre las obligaciones de los trabajadores recogidas por la Ley de Prevención de Riesgos Laborales, no figura:

a) Informar directamente al empresario de cualquier situación que entrañe riesgo para la seguridad o salud de los trabajadores.
b) Contribuir al cumplimiento de las obligaciones establecidas por la autoridad competente con el fin de proteger la seguridad y la salud de los trabajadores en el trabajo.
c) Cooperar con el empresario para que éste pueda garantizar unas condiciones de trabajo que sean seguras y no entrañen riesgos para la seguridad y la salud de los trabajadores.
d) Utilizar correctamente los medios y equipos de protección facilitados por el empresario, de acuerdo con las instrucciones recibidas de éste.

12. El empresario deberá constituir un servicio de prevención propio siempre que se trate de empresas que cuenten con:

a) Más de 500 trabajadores.
b) Menos de 250 trabajadores.
c) Más de 250 trabajadores.
d) Más de 250 y menos de 500 trabajadores.

13. Cuando los trabajadores estén expuestos a un riesgo grave e inminente con ocasión de su trabajo, y el empresario no adopte o no permita la adopción de las medidas necesarias para garantizar la seguridad y la salud de los trabajadores, la Ley 31/1995, de 8 de noviembre, de Prevención de Riesgos Laborales prevé:

a) Los trabajadores afectados podrán paralizar la actividad.
b) El órgano de representación del personal instará formalmente al empresario a la adopción de las medidas necesarias.
c) Los Delegados de Prevención lo comunicarán a la autoridad laboral, que adoptará las medidas necesarias.
d) El órgano de representación de personal podrá acordar la paralización de la actividad.

14. Según establece el art. 4 de la Ley 31/1995, de 8 de noviembre, de Prevención de Riesgos Laborales, se define como daños derivados del trabajo.

a) La posibilidad de que un trabajador sufra un determinado daño derivado del trabajo.

b) El que resulte probable racionalmente que se materialice en un futuro inmediato y pueda suponer y pueda suponer un daño grave para la salud de los trabajadores.

c) Las enfermedades, patologías o lesiones sufridas con motivo u ocasión del trabajo.

d) Cualquier máquina, aparato, instrumento o instalación utilizada en el trabajo.

15. Según recoge el artículo 4 de la Ley 31/1995, quedan específicamente incluidas en la definición de condición de trabajo:

a) Las características particulares de los locales, instalaciones, equipos, productos y demás útiles existentes en el centro de trabajo.

b) La naturaleza de los agentes físicos, químicos y biológicos presentes en el ambiente de trabajo y sus correspondientes intensidades, concentraciones o niveles de presencia.

c) Los procedimientos para la utilización de los agentes citados anteriormente que no influyan en la generación de los riesgos mencionados.

d) Todas aquellas otras características del trabajo, excluidas las relativas a su organización y ordenación, que influyan en la magnitud de los riesgos a que esté expuesto el trabajador.

16. Los instrumentos esenciales para la gestión y aplicación del Plan de prevención de riesgos laborales son

a) La evaluación de riesgos y la planificación de la actividad preventiva.

b) La evaluación inicial de riesgos y la formación.

c) La planificación y la gestión de la actividad preventiva.

d) La identificación y la evaluación de los riesgos.

17. El posible cambio de puesto de trabajo con riesgo para una trabajadora embarazada

a) Deberá realizarse en caso de imposibilidad de adaptación del propio puesto.

b) Se hará previo informe en tal sentido del Servicio de Prevención.

c) Se determinará por el empresario, y dará información a los representantes de los trabajadores.

d) Se extenderá al período de lactancia.

18. La prevención de riesgos laborales deberá integrarse en el sistema general de gestión de la empresa a través de:

a) La política preventiva.

b) El plan de prevención.

c) El consenso de las partes.
d) El poder de decisión del empresario.

19. El objeto y carácter de la norma de la Ley 31/95 de Prevención de Riesgos Laborales dice:

a) La presente Ley tiene por objeto promover la salud de los trabajadores mediante la aplicación de medidas y el desarrollo de las actividades necesarias para la prevención de riesgos derivados del trabajo.

b) La presente Ley tiene por objeto promover la seguridad y la salud de los trabajadores mediante la aplicación de medidas y el desarrollo de las actividades necesarias para la prevención de riesgos derivados del trabajo.

c) La presente Ley tiene por objeto promover la seguridad de los trabajadores mediante la aplicación de medidas y el desarrollo de las actividades necesarias para la prevención de riesgos derivados del trabajo.

d) La presente Ley tiene por objeto promover la seguridad, la salud de los trabajadores y la negociación entre empresa y delegados de prevención, mediante la aplicación de medidas y el desarrollo de las actividades necesarias para la prevención de riesgos derivados del trabajo.

20. ¿Cuándo se deben utilizar los equipos de protección individual?

a) Siempre.
b) Cuando los riesgos no hayan sido evaluados.
c) Cuando los riesgos no se puedan evitar o no puedan limitarse.
d) Cuando el trabajador lo estime oportuno.

En MADTEST tienes **más preguntas de este tema**, y todos tus avances quedan registrados y se reflejan en el ranking.

¡Supera tus límites con MADTEST!

Solución al test n.º 9

1. d) Los delegados de prevención.

2. a) La posibilidad de que un trabajador sufra un determinado daño derivado del trabajo.

3. c) El empresario.

4. b) Una protección eficaz en materia de seguridad y salud en el trabajo.

5. c) Conjunto de actividades o medidas adoptadas o previstas en todas las fases de actividad de la empresa con el fin de evitar o disminuir los riesgos derivados del trabajo.

6. a) La Ley de Prevención de Riesgos Laborales se aplica a los operativos de Seguridad civil en casos de catástrofe.

7. d) Ley 31/1995, de 8 de noviembre

8. b) Evaluar los riesgos que se puedan evitar.

9. c) 7.

10. d) El delegado de personal.

11. a) Informar directamente al empresario de cualquier situación que entrañe riesgo para la seguridad o salud de los trabajadores.

12. a) Más de 500 trabajadores.

13. d) El órgano de representación de personal podrá acordar la paralización de la actividad.

14. c) Las enfermedades, patologías o lesiones sufridas con motivo u ocasión del trabajo.

15. b) La naturaleza de los agentes físicos, químicos y biológicos presentes en el ambiente de trabajo y sus correspondientes intensidades, concentraciones o niveles de presencia.

16. a) La evaluación de riesgos y la planificación de la actividad preventiva.

17. a) Deberá realizarse en caso de imposibilidad de adaptación del propio puesto.

18. b) El plan de prevención.

19. b) La presente Ley tiene por objeto promover la seguridad y la salud de los trabajadores mediante la aplicación de medidas y el desarrollo de las actividades necesarias para la prevención de riesgos derivados del trabajo.

20. c) Cuando los riesgos no se puedan evitar o no puedan limitarse.

TEST PARTE ESPECÍFICA

TEST N.º 10

Áreas organizativas del servicio de lavandería y planchado. Áreas organizativas. Zona sucia: almacenamiento, clasificación, pesado y carga de lavadoras. La barrera sanitaria. Zona limpia: clasificación, secado, planchado, empaquetado y distribución

1. ¿Cuál es la finalidad de una lavandería?

a) Procesar la ropa sucia y contaminada convirtiéndola en ropa limpia que ayuda a la comodidad y cuidado del paciente.
b) Mejorar las cualidades iniciales de una prenda.
c) Eliminar la suciedad soluble.
d) Hacer que la ropa sea más cómoda gracias al desgaste del tejido durante el lavado.

2. ¿Qué funciones tiene el servicio de lavandería y planchado?

a) Reparación y/o reposición de los tejidos deteriorados.
b) Control de los tratamientos de la ropa sucia.
c) Control del tratamiento de la ropa limpia.
d) Todas las respuestas son correctas.

3. ¿Cómo se elimina el agua acumulada durante el lavado en un tejido de rizo?

a) Mediante secado.
b) Planchando.
c) Manteniendo las prendas de estas características juntas durante un tiempo hasta que se hayan escurrido.
d) Cualquiera de estos procesos es válido.

4. ¿Qué importancia tiene que la bolsa donde se empaquete la ropa limpia sea transparente?

a) Permite ver el contenido.
b) Aísla mejor de la luz.
c) Da sensación de mayor limpieza.
d) No tiene ninguna importancia si va o no empaquetada.

5. ¿Cómo se mueve la ropa sucia que llega a una lavandería?

a) Por vagonetas.
b) Por cintas transportadoras.
c) Por rieles.
d) Todas las respuestas son correctas.

6. ¿Qué afirmación no es correcta?

a) La lavadora se carga por la zona sucia.
b) La lavadora se descarga por la zona limpia.
c) La lavadora desagua por la zona limpia.
d) Las respuestas a) y b) son correctas.

7. ¿En qué momento se deslía la ropa?

a) Al salir de la calandra.
b) Al salir del túnel de secado.
c) Al salir del túnel de lavado.
d) Antes de su distribución.

8. ¿En qué se basa el planchado de la ropa?

a) Calor.
b) Presión.
c) Frotación.
d) Las respuestas a) y b) son correctas.

9. ¿Qué ocurre cuando el peso de ropa por lavado es mayor que el recomendado?

a) La ropa queda más apretada, dificultando que los productos puedan penetrar en los tejidos. Este problema no se va a resolver aumentando la dosis de detergente.
b) Las prendas no quedan limpias y pueden permanecer restos de suciedad en algunas zonas.
c) Las máquinas trabajan más forzadas y el sistema se puede dañar, causando una avería.
d) Todas las respuestas son correctas.

10. ¿Cuánto se reduce el peso de la ropa por el centrifugado? Se reduce un...

a) 20 %.
b) 40 %.
c) 60 %.
d) 75 %.

11. ¿Qué peso de ropa se recomienda en cada lavado?

a) La capacidad máxima de la lavadora.
b) La capacidad mínima de la máquina.
c) Un peso inferior a la capacidad máxima de la máquina.
d) Siempre 10 kg.

12. ¿Qué tipo de gestión tiene una lavandería centralizada?

a) Propia.
b) Ajena.
c) Reducida a centros pequeños.
d) No existen las lavanderías centralizadas.

13. ¿Qué fase se desarrolla en la zona limpia de la lavandería?

a) Pesado de la ropa.
b) Recepción de la ropa.
c) Planchado.
d) Carga de la lavadora.

En MADTEST tienes **más preguntas de este tema**, y todos tus avances quedan registrados y se reflejan en el ranking.

¡Supera tus límites con MADTEST!

Solución al test n.º 10

1. a) Procesar la ropa sucia y contaminada convirtiéndola en ropa limpia que ayuda a la comodidad y cuidado del paciente.

2. d) Todas las respuestas son correctas.

3. a) Mediante secado.

4. a) Permite ver el contenido.

5. d) Todas las respuestas son correctas.

6. c) La lavadora desagua por la zona limpia.

7. c) Al salir del túnel de lavado.

8. d) Las respuestas a) y b) son correctas.

9. d) Todas las respuestas son correctas.

10. c) 60 %.

11. c) Un peso inferior a la capacidad máxima de la máquina.

12. a) Propia.

13. c) Planchado.

TEST N.º 11

Medios y recursos materiales del servicio de lavandería y planchado. Zona de clasificación: contenedores, mesas de clasificación, cintas y básculas. Sistemas de lavado de ropa: lavadoras y túneles de lavado. Sistemas de secado/planchado de ropa: secadoras, calandras, plegadoras, centrales de planchado y túneles de secado, doblado y apilado

1. ¿Cómo influyen los turnos y la distribución del trabajo en la elección de maquinaria para una lavandería?

a) Número de horas que van a estar las máquinas en funcionamiento.
b) Incremento de trabajo durante horas concretas del día.
c) Incremento de trabajo en algunos días de la semana.
d) Todas las respuestas son correctas.

2. ¿Qué característica no es deseable en un producto de lavado?

a) Biodegradable.
b) Agresivo con la ropa.
c) Eficaz.
d) Todas son características deseables.

3. ¿Puede un trabajador hacer un cambio de circuito dentro de la misma jornada?

a) No, nunca.
b) Sí, siempre que se requiera.
c) No sin aseo previo.
d) Sí, sin aseo previo.

4. ¿Qué tamaño es más habitual para los contenedores de ropa en la lavandería?

a) 1 o 2 litros.
b) 30 o 40 litros.

c) 300 o 400 litros.

d) 2000 o 3000 litros.

5. ¿Cómo funciona un transportador aéreo de cargas pesadas?

a) Consiste en un sistema de raíles a través del que se mueven unos colgadores que soportan las bolsas con los lotes de ropa.

b) La línea de transporte está formada por un conjunto de rodillos, uno a continuación del otro, que giran al mismo tiempo pero de manera independiente.

c) Es un sistema de transporte manual que facilita el traslado de la carga.

d) Todas las respuestas son correctas.

6. ¿Cómo se define la capacidad de una lavadora?

a) Velocidad de centrifugación.

b) Cantidad de ropa que puede lavar en un ciclo.

c) Presencia o no de base antivibratoria.

d) Tamaño del equipo.

7. ¿Cómo sale la ropa de la secadora?

a) Totalmente seca.

b) Parcialmente seca.

c) Totalmente húmeda.

d) Totalmente seca o con un grado de humedad que dependerá del tiempo del programa aplicado.

8. ¿Qué es la calandra?

a) Un equipo de lavado.

b) Un equipo de planchado.

c) Un sistema de depuración de agua.

d) Un tipo de lavandería.

9. ¿Para qué caso utilizaría planchado por difusión de vapor?

a) Tejidos muy delicados.

b) Sábanas.

c) Toallas.

d) Todas las respuestas son correctas.

10. ¿Qué tipo de contenedor se utiliza para el vaciado de la secadora?

a) Jaulas tipo *roll-tainer*.

b) Contenedores tipo *trolleys*.

c) Carros de fondeo remontables.
d) Las respuestas b) y c) son correctas.

11. ¿En qué consiste el sistema discontinuo de lavado?

a) En la separación de las fases en el tiempo.
b) Es el que utilizan las lavadoras convencionales de pequeño tamaño, como las de uso doméstico.
c) Consiste en dividir las fases del lavado en diferentes compartimentos comunicados entre sí y que pueden funcionar al mismo tiempo.
d) Son correctas las respuestas a) y b).

12. ¿Cuál de los siguientes es objetivo del mantenimiento de la maquinaria?

a) Obtener un buen rendimiento energético.
b) Minimizar el deterioro ambiental.
c) Fijar la periodicidad de las revisiones.
d) Todas las respuestas son correctas.

13. La reposición de productos en las máquinas lavadoras se efectuará mediante bomba de trasvase:

a) Al principio de la jornada.
b) A mitad de la jornada.
c) Al final de la jornada.
d) Cuando se acabe.

En MADTEST tienes **más preguntas de este tema**, y todos tus avances quedan registrados y se reflejan en el ranking.

¡Supera tus límites con MADTEST!

Solución al test n.º 11

1. d) Todas las respuestas son correctas.

2. b) Agresivo con la ropa.

3. c) No sin aseo previo.

4. c) 300 o 400 litros.

5. a) Consiste en un sistema de raíles a través del que se mueven unos colgadores que soportan las bolsas con los lotes de ropa.

6. b) Cantidad de ropa que puede lavar en un ciclo.

7. d) Totalmente seca o con un grado de humedad que dependerá del tiempo del programa aplicado.

8. b) Un equipo de planchado.

9. a) Tejidos muy delicados.

10. d) Las respuestas b) y c) son correctas.

11. d) Son correctas las respuestas a) y b).

12. d) Todas las respuestas son correctas.

13. c) Al final de la jornada.

TEST N.º 12

La ropa hospitalaria. Tipos y características: ropa de línea y ropa de forma hospitalaria. Fibras: origen animal y origen vegetal. La ropa limpia: manipulación, transporte y almacenamiento. La ropa sucia: manipulación, recogida, transporte y almacenamiento. Tipos de suciedad, forma de eliminarla y clasificación según el método utilizado

1. ¿Qué es esencial conocer antes de emplear un producto para quitar una mancha?

a) La antigüedad de la prenda.
b) La marca del quitamanchas.
c) La sustancia que produjo la mancha y el tipo de tejido.
d) El precio del producto.

2. ¿Qué tipo de recipiente NO se debe emplear para el desmanchado de prendas, a menos que sea de acero inoxidable?

a) Madera.
b) Metal.
c) Acero inoxidable.
d) Plástico.

3. ¿Cuál es el secreto más importante para eliminar las manchas en la ropa?

a) Actuar con rapidez.
b) Usar mucho producto.
c) Planchar la prenda antes de tratar la mancha.
d) Lavar con agua caliente.

4. ¿Qué se debe hacer con una prenda manchada con manchas difíciles antes de lavarla o plancharla?

a) Lavarla inmediatamente con agua caliente.
b) Plancharla para fijar la mancha.
c) Tratar de eliminar las manchas primero.
d) Remojarla en lejía.

5. En las prendas lavables, ¿qué tipo de agua puede afirmar las manchas y cuál se debe usar para removerlas?

a) El agua fría afirma las manchas y el agua caliente las remueve.
b) El agua caliente afirma las manchas y el agua fría las remueve.
c) Ambos tipos de agua afirman las manchas.
d) Ambos tipos de agua remueven las manchas.

6. Al utilizar bencina para la limpieza de manchas, ¿qué precaución se debe tomar?

a) Acercarse al fuego para acelerar el secado.
b) Evitar el acercamiento al fuego durante todo el proceso.
c) Usarla en espacios cerrados para mayor concentración.
d) Mezclarla con agua caliente.

7. Antes de utilizar un producto sobre un tipo de tejido determinado, ¿qué se debe probar?

a) Su fecha de caducidad.
b) Su compatibilidad con otros productos.
c) La solidez del tejido aplicándolo en un trocito no visible.
d) Su olor.

8. ¿Cuál es la diferencia entre manchas simples y manchas complejas?

a) Las manchas simples son solo de café y las complejas de tinta.
b) Las manchas simples se eliminan con un solo producto, mientras que las complejas requieren quitar sucesivamente los distintos cercos.
c) Las manchas simples no dejan cerco y las complejas sí.
d) No hay diferencia, ambas se tratan igual.

9. Para las telas con manchas complejas, ¿sobre qué tipo de tejido deben ponerse para absorber la sustancia disolvente?

a) Un tejido de franela o algodón plegado en varios dobleces.
b) Un tejido sintético.
c) Directamente sobre una superficie dura.
d) Un tejido de seda.

10. ¿Qué se debe extender alrededor de la mancha en los tejidos de seda y lana antes de empezar a limpiarla?

a) Agua y jabón.
b) Talco en polvos.
c) Bencina.
d) Vinagre.

En MADTEST tienes **más preguntas de este tema**, y todos tus avances quedan registrados y se reflejan en el ranking.

¡Supera tus límites con MADTEST!

Solución al test n.º 12

1. c) La sustancia que produjo la mancha y el tipo de tejido.

2. b) Metal.

3. a) Actuar con rapidez.

4. c) Tratar de eliminar las manchas primero.

5. b) El agua caliente afirma las manchas y el agua fría las remueve.

6. b) Evitar el acercamiento al fuego durante todo el proceso.

7. c) La solidez del tejido aplicándolo en un trocito no visible.

8. b) Las manchas simples se eliminan con un solo producto, mientras que las complejas requieren quitar sucesivamente los distintos cercos.

9. a) Un tejido de franela o algodón plegado en varios dobleces.

10. b) Talco en polvos.

TEST N.º 13

Características de los textiles y estudio de las diferentes fibras que componen los tejidos. Reacción a la acción de ácidos, lejías, oxidantes, temperatura y acción mecánica

1. ¿Qué es el tejido?

a) El proceso de entrelazar hilos de forma regular para fabricar un producto plano.
b) El producto plano resultante del entrelazado de hilos.
c) La unión de fibras.
d) Las respuestas a) y b) son correctas.

2. ¿Cómo se denominan los conjuntos de hilo que se entrelazan en el tejido?

a) Urdimbre y trama.
b) Turdible y rama.
c) Cóncavo y convexo.
d) Tira y transversa.

3. ¿Cuál es el resultado de la unión sólida de un conjunto de fibras dispuestas de forma paralela?

a) Fibra.
b) Hilo.
c) Tejido.
d) Prenda.

4. ¿Qué tipo de fibra es el algodón?

a) Vegetal.
b) Animal.
c) Tallos de plantas.
d) Sintética.

5. ¿Qué parámetros determinan el rizado de la fibra?

a) Longitud y grosor.
b) Forma, frecuencia y amplitud.
c) Color y tensión.
d) Todas las respuestas son correctas.

6. ¿Qué es falso sobre el almacenamiento de la ropa sucia?

a) Permanece en las mismas bolsas donde se recogió.
b) Se almacenará por un tiempo lo más breve posible.
c) Se almacenará en el mismo lugar donde se produce.
d) Se almacenará en lugares bien ventilados.

7. ¿Qué son los tejidos?

a) Los productos obtenidos mediante el proceso de entrelazar hilos de forma regular para fabricar un producto plano.
b) Los productos obtenidos por el entrecruzamiento de tejidos de urdimbre con otros.
c) Los productos obtenidos por la cohesión de fibras.
d) Los productos obtenidos por el entrecruzamiento transversal de los hilos de la trama con los de la urdimbre.

8. ¿Qué tipo de tejido es la batista?

a) Es el tejido resultante del entrelazado de dos hilos de urdimbre con cada hilo de trama.
b) Resulta del entrelazado suave de los hilos de la urdimbre sobre varios hilos de la trama.
c) Es un tejido liso resultante de cruzar un hilo de trama con cada hilo de urdimbre.
d) La batista no es un tejido.

9. ¿Cuál de las siguientes afirmaciones es correcta?

a) Un hilo es el resultado de la unión sólida de un conjunto de fibras dispuestas de forma paralela y a las que se aplica una fuerza de torsión.
b) Cuando durante el hilado se aplica una torsión fuerte se obtienen hilos resistentes, que darán telas más duras, resistentes al rozamiento y que se ensucian y arrugan menos.
c) Se puede obtener hilo a partir de fibras cortas por un proceso de cardado y posterior peinado para estirarlas, además de la torsión.
d) Todas las respuestas son correctas.

10. ¿Qué características debe tener una fibra textil?

a) Gran longitud y pequeño diámetro.
b) Cierto grado de aspereza.

c) Falta de cohesión.
d) Debe tener todas las características anteriores.

11. ¿Cuál de las siguientes no es una fibra natural?

a) Lana.
b) Lino.
c) Nilón.
d) Algodón.

12. ¿En qué se diferencian el pelo y la lana?

a) La lana tiene su superficie recubierta de pequeñas y abundantes escamas.
b) El pelo tiene su superficie recubierta de pequeñas y abundantes escamas.
c) La lana es blanca y el pelo oscuro.
d) La lana es más gruesa que el pelo.

13. ¿Qué ventajas tienen los tejidos de algodón?

a) Se teje y tiñe fácilmente dando tejidos resistentes, absorbentes y cómodos.
b) Su recolección es sencilla.
c) La calidad es siempre la misma y no depende de las condiciones climáticas.
d) Todas las respuestas son correctas.

En MADTEST tienes **más preguntas de este tema**, y todos tus avances quedan registrados y se reflejan en el ranking.

¡Supera tus límites con MADTEST!

Solución al test n.º 13

1. d) Las respuestas a) y b) son correctas.

2. a) Urdimbre y trama.

3. b) Hilo.

4. a) Vegetal.

5. b) Forma, frecuencia y amplitud.

6. c) Se almacenará en el mismo lugar donde se produce.

7. a) Los productos obtenidos mediante el proceso de entrelazar hilos de forma regular para fabricar un producto plano.

8. c) Es un tejido liso resultante de cruzar un hilo de trama con cada hilo de urdimbre.

9. d) Todas las respuestas son correctas.

10. a) Gran longitud y pequeño diámetro.

11. c) Nilón.

12. a) La lana tiene su superficie recubierta de pequeñas y abundantes escamas.

13. a) Se teje y tiñe fácilmente dando tejidos resistentes, absorbentes y cómodos.

**Procesos de lavado y desinfección de ropa hospitalaria.
Prelavado y lavado de ropa. Tipos de locales e indicaciones técnicas
en el procesado de ropa. Normas de actuación del personal.
Controles higiénicos**

1. ¿Cuál es el primer proceso que se lleva a cabo en la lavandería? El primer proceso es...

a) Empaquetado de ropa.
b) Desengrasado de ropa.
c) Planchado de ropa.
d) Lavado de ropa.

2. ¿Cuál de los siguientes no es un objetivo del lavado de ropa?

a) Eliminación total de la suciedad presente en la ropa, sin deteriorar los tejidos, utilizando los productos adecuados.
b) Desinfección de las prendas, cuando sea necesario.
c) Eliminación de todo tipo de manchas, imperfecciones y arrugas.
d) Blanqueo de los tejidos.

3. ¿Qué procesos forman parte de un ciclo de lavado?

a) Lavado, aclarado y centrifugado.
b) Lejíado y neutralizado.
c) Humectación y prelavado.
d) Todas las respuestas son correctas.

4. Todo lo que se dice de los ciclos de lavado es cierto, excepto:

a) La última fase del ciclo es la de los suavizantes.
b) Las fases de lavado se suceden entre sí, para componer un ciclo de lavado.

c) Nunca en un mismo ciclo puede repetirse alguna de las fases.

d) Un mismo ciclo de lavado puede tener puede tener varias fases de aclarado, tras tratamiento con aditivos.

5. ¿Cuál es la primera fase del ciclo de lavado?

a) Prelavado.
b) Aclarado.
c) Centrifugado.
d) Humectación.

6. ¿Cómo se mantiene la ropa durante la humectación?

a) En agua fría durante 3-5 minutos.
b) En agua caliente durante 3-5 minutos.
c) En agua fría durante una hora.
d) En agua tibia sin tiempo determinado.

7. ¿Qué fases pueden formar parte del prelavado, o fase anterior al lavado?

a) Humectación.
b) Lejíado.
c) Neutralizado.
d) Suavizante.

8. ¿Qué procesos no forman parte del tercer ciclo del prelavado?

a) Centrifugado.
b) Lejíado.
c) Aclarado.
d) Todas las repuestas son correctas.

9. ¿Cuándo se realiza la fase de humectación?

a) A la mitad del lavado.
b) En el prelavado.
c) Al inicio del lavado.
d) Las respuestas b) y c) son correctas.

10. ¿De cuántos ciclos consta la fase de lavado propiamente dicha? Consta de...

a) 1 ciclo.
b) 2 ciclos.
c) 3 ciclos.
d) 4 ciclos.

11. ¿En qué momento se produce el aclarado?

a) En la fase de prelavado.
b) En la fase de lavado.
c) Tras la adición y acción de cada producto.
d) Tras el centrifugado.

12. ¿En qué momento se produce el centrifugado?

a) En la fase de prelavado.
b) En la fase de lavado.
c) Tras la adición y acción de cada producto.
d) Tras cada aclarado.

13. ¿Qué objetivo tiene el lejíado de la ropa?

a) Blanquear y desinfectar.
b) Desinfectar y emulsionar.
c) Emulsionar y desinfectar.
d) Aclarar y desinfectar.

En MADTEST tienes **más preguntas de este tema**, y todos tus avances quedan registrados y se reflejan en el ranking.

¡Supera tus límites con MADTEST!

Solución al test n.º 14

1. d) Lavado de ropa.

2. c) Eliminación de todo tipo de manchas, imperfecciones y arrugas.

3. d) Todas las respuestas son correctas.

4. c) Nunca en un mismo ciclo puede repetirse alguna de las fases.

5. d) Humectación.

6. a) En agua fría durante 3-5 minutos.

7. a) Humectación.

8. b) Lejíado.

9. d) Las respuestas b) y c) son correctas.

10. c) 3 ciclos.

11. c) Tras la adición y acción de cada producto.

12. d) Tras cada aclarado.

13. a) Blanquear y desinfectar.

TEST N.º 15

El agua como uno de los elementos más importantes en el lavado de ropa. Calidad del agua. Tratamientos del agua. Anticloros: ventajas e inconvenientes. Los detergentes. Tipos de detergentes: de prelavado, lavado, enjuague y suavizantes. Procesos de selección de detergentes y productos de lavado

1. El agua está compuesta por:

a) 4 átomos: 2 de hidrógeno y 2 de oxígeno.
b) 3 átomos: 2 de hidrógeno y 1 de oxígeno.
c) 2 átomos: 1 de hidrógeno y 1 de oxígeno.
d) 1 solo átomo de oxígeno.

2. Entre los microorganismos del agua, encontramos:

a) Bacterias, virus.
b) Algas.
c) Protozoos.
d) Todas las respuestas son correctas.

3. Carecen de núcleo verdadero o bien definido:

a) Eucarióticas.
b) Procarióticas.
c) Mecarióticas.
d) Pricarióticas.

4. Las bacterias del agua son microorganismos:

a) Procarióticos.
b) Eucarióticos.
c) Bacilos.
d) Espirilos.

5. En los componentes variables celulares de la bacteria, encontramos:

a) Membranas celulares.
b) Ribosomas.
c) Región nuclear.
d) Flagelos.

6. Las bacterias del agua que requieren oxígeno libre para metabolizar sus alimentos, se denominan:

a) Bacterias anaeróbicas.
b) Bacterias anaeróbicas facultativas.
c) Bacterias aeróbicas.
d) Bacterias menaeróbicas.

7. Las bacterias mesofílicas, necesitan una temperatura de operación de:

a) 40 a 80 ºC.
b) 20 a 40 ºC.
c) 15 a 30 ºC.
d) < 30 ºC.

8. Un agua dura es:

a) El agua fuerte.
b) La que impide la perfecta disolución del jabón.
c) Agua que contiene sales de calcio.
d) Agua de río.

9. Los microorganismos más simples que contienen clorofila, se denominan:

a) Protozoos.
b) Algas.
c) Virus.
d) Bacterias.

10. ¿El agua puede transmitir enfermedades?

a) No, nunca.
b) Sí, como enfermedad entéricas.
c) Sí, como enfermedad de tipo alérgico.
d) No, el agua es imprescindible para la supervivencia y como tal no transmite enfermedad.

11. ¿Qué elemento realiza la acción química durante el lavado?

a) La maquinaria.
b) Los tejidos.
c) Los productos.
d) Todas las respuestas son correctas.

12. El "Círculo de Sinner":

a) Consiste en conseguir el equilibrio entre control de agua, control de productos, control de maquinaria y control de operaciones.
b) Consiste en conseguir el equilibrio entre cuatro factores: acción mecánica, acción química, temperatura del agua y tiempo de acción, permitiendo variar el peso de los mismos.
c) Consiste en conseguir el equilibrio entre las fases de clasificación de ropa, carga de lavadoras, lavado, planchado, plegado y envasado.
d) Consiste en conseguir el equilibrio entre el espacio físico de la lavandería y la diversificación de zonas.

13. ¿Con qué letra se denominan las indicaciones de peligro de las etiquetas de los productos?

a) P.
b) R.
c) H.
d) S.

14. ¿Cómo se denomina el documento elaborado por el fabricante de una sustancia o mezcla química en la que se ofrece abundante información sobre sus riesgos?

a) Ficha de datos de seguridad.
b) Etiqueta.
c) envase.
d) Prospecto.

15. ¿Qué datos contendrá la FDS sobre la manipulación y almacenamiento del producto?

a) Precauciones para una manipulación segura.
b) Condiciones de almacenamiento seguro, incluidas posibles incompatibilidades.
c) Usos específicos finales.
d) Todas las respuestas son correctas.

16. ¿Qué tipo de peligro tienen las sustancias comburentes?

a) Físicos.
b) Químicos.
c) Para la salud.
d) Para el medio ambiente.

17. Cuando una sustancia o mezcla inducen cáncer o aumentan su incidencia, ¿cómo se denomina?

a) Mutagénica.
b) Carcinogénica.
c) Pirogénica.
d) Tóxica.

18. Si en la etiqueta de un producto aparece el siguiente símbolo significa qué es:

a) Peligroso para el medio ambiente.
b) Nocivo.
c) Biodegradable.
d) Tóxico.

19. Los pictogramas de peligro son composiciones gráficas que contienen:

a) Un símbolo rojo sobre un fondo negro, con un marco naranja lo suficientemente ancho para ser claramente visible.
b) Un símbolo blanco sobre un fondo negro, con un marco rojo lo suficientemente ancho para ser claramente visible.
c) Un símbolo rojo sobre un fondo blanco, con un marco naranja lo suficientemente ancho para ser claramente visible.
d) Un símbolo negro sobre un fondo blanco, con un marco rojo lo suficientemente ancho para ser claramente visible.

20. Las indicaciones de peligro, llamadas H, se agrupan en:

a) Peligros para la salud humana.
b) Peligros físicos.
c) Peligros para el medio ambiente.
d) Todas las respuestas son correctas.

21. El documento que elabora el fabricante de una sustancia o mezcla química para informar de sus riesgos se llama:

a) Libro Técnico de Riesgos.
b) Ficha de Datos de Seguridad.
c) Libro de Instrucciones.
d) Nota Técnica de Prevención.

22. Los envases en que se presentan para la venta los productos de limpieza han de cumplir ciertos requisitos. ¿Cuál de los siguientes es falso?

a) Los materiales que constituyen los envases y sus cierres han de ser fácilmente solubles en el contenido para no entrar en reacción con él.

b) Los envases y sus cierres estará diseñados y fabricados de manera que sean estancos, fuertes y sólidos.

c) Los envases de los productos con un sistema de cierre reutilizable dispondrán de un cierre de características y diseños tales que una vez abiertos puedan ser nuevamente cerrados sin perder su carácter estanco.

d) La válvula de los productos envasados en aerosoles deberá permitir el cierre prácticamente hermético del generador de aerosol y estar protegida contra toda abertura involuntaria.

23. El Reglamento CLP establece tres tipos de peligros que pueden representar las sustancias o sus mezclas; señala la incorrecta:

a) Peligros para el medio ambiente.

b) Peligros físicos.

c) Peligros para la salud.

d) Peligros contagiables.

24. Según el Reglamento CLP, ¿en cuántas clases se agrupan los peligros relacionados con las propiedades fisicoquímicas de los productos?

a) En 2 clases.

b) En 6 clases.

c) En 10 clases.

d) En 16 clases.

25. Los líquidos inflamables son aquellos cuyo punto de inflamación no supera:

a) 60 ºC.

b) 80 ºC.

c) 93 ºC.

d) 110 ºC.

En MADTEST tienes **más preguntas de este tema**, y todos tus avances quedan registrados y se reflejan en el ranking.

¡Supera tus límites con MADTEST!

Solución al test n.º 15

1. b) 3 átomos: 2 de hidrógeno y 1 de oxígeno.

2. d) Todas las respuestas son correctas.

3. b) Procarióticas.

4. a) Procarióticos.

5. d) Flagelos.

6. c) Bacterias aeróbicas.

7. b) 20 a 40 ºC.

8. b) La que impide la perfecta disolución del jabón.

9. b) Algas.

10. b) Sí, como enfermedad entéricas.

11. c) Los productos.

12. b) Consiste en conseguir el equilibrio entre cuatro factores: acción mecánica, acción química, temperatura del agua y tiempo de acción, permitiendo variar el peso de los mismos.

13. c) H.

14. a) Ficha de datos de seguridad.

15. d) Todas las respuestas son correctas.

16. a) Físicos.

17. b) Carcinogénica.

18. a) Peligroso para el medio ambiente.

19. d) Un símbolo negro sobre un fondo blanco, con un marco rojo lo suficientemente ancho para ser claramente visible.

20. d) Todas las respuestas son correctas.

21. b) Ficha de Datos de Seguridad.

22. a) Los materiales que constituyen los envases y sus cierres han de ser fácilmente solubles en el contenido para no entrar en reacción con él.

23. d) Peligros contagiables.

24. d) En 16 clases.

25. a) 60 ºC.

TEST N.º 16

Prevención de riesgos laborales en el servicio de lavandería y planchado. Evaluación de riesgos y puntos críticos. Prevención en las máquinas lavacentrifugadoras, túneles, manipulación de ropa en dichas lavadoras. etc Plan de emergencia ante un posible incendio. Medidas preventivas. Conceptos básicos. Medios técnicos de protección. Equipos de Primera Intervención (EPI)

1. ¿Qué riesgo existe para el personal del servicio de lavandería y planchado derivado de los locales y equipos de trabajo?:

a) Contacto eléctrico directo o indirecto.
b) Contacto con sustancias químicas.
c) Incendio y explosión.
d) Atrapamientos, golpes y/o cortes.

2. Una medida preventiva para las caídas de altura será:

a) Colocar en los altillos o zonas de trabajo elevadas barandillas, barras intermedias y plintos.
b) Eliminar la suciedad, papeles, desperdicios y obstáculos contra los que se puede tropezar.
c) Mantener las distancias adecuadas entre las máquinas.
d) Uso de calzado de seguridad con protección de puntera reforzada.

3. Para conseguir un ambiente sonoro confortable, el nivel de ruido no deberá superar los:

a) 45 decibelios.
b) 55 decibelios.
c) 65 decibelios.
d) 75 decibelios.

4. Para prevenir el riesgo de contacto con productos que contienen sustancias químicas peligrosas (productos de limpieza, percloroetileno, otros disolventes), entre otras medidas, se debe:

a) Aislar al personal que debe manipular los productos.
b) Extremar la higiene personal.
c) Tener instalaciones fijas de manipulación.
d) Utilizar mesa de desmanchado con aspiración localizada.

5. Mantener el orden y la limpieza y habilitar lugares adecuados de almacenamiento exclusivo para ciertos productos, son medidas preventivas apropiadas cuando existe:

a) Riesgos derivados de agentes físicos.
b) Contacto con sustancias cáusticas y/o corrosivas.
c) Riesgo de caídas de objetos por desplome.
d) Riesgo eléctrico.

6. ¿Qué medida preventiva se utilizará para prevenir el riesgo de incendio y explosión?:

a) Almacenar todas juntas las sustancias inflamables no necesarias.
b) Almacenar los productos inflamables en armarios no aislados.
c) Disponer solo de la cantidad necesaria de materiales inflamables o combustibles para el trabajo del día y mantener el resto en el almacén.
d) Realizar la manipulación y desembalaje y mezcla de los productos solo dentro de los almacenes.

7. Como medida preventiva de las malas condiciones medioambientales del local de trabajo, se debe regular la humedad relativa para que esté comprendida, con carácter general entre:

a) 30 y 70 %.
b) 50 y 70 %.
c) 30 y 50 %.
d) 30 y 40 %.

8. Los riesgos derivados de la organización del trabajo en situaciones imprevistas o con trabajos no planificados producen:

a) Falta de coordinación en las tareas.
b) Estrés.
c) Conflictos entre compañeros.
d) Actuaciones erróneas en situaciones de emergencia.

9. Indica cuál de las siguientes no es un área física de la lavandería:

a) Área de clasificación.
b) Área de extracción.
c) Área de almacenamiento.
d) Área de desinfección.

10. El proceso de la ropa después de lavada, pero antes del centrifugado y secado, se realiza en el área de:

a) Clasificación.
b) Extracción.
c) Acondicionamiento.
d) Reparación.

11. ¿Cuál es la NTP o Nota Técnica de Prevención 045 del Instituto Nacional de Seguridad e Higiene en el Trabajo (INSHT)?

a) Plan de Emergencia contra Incendios.
b) Planes de emergencias en lugares de pública concurrencia.
c) Métodos de extinción y agentes extintores.
d) Extintores de incendio portátiles: utilización.

12. ¿Qué objetivo tiene la organización contra incendios?

a) Controlar con rapidez las emergencias para que sus consecuencias sean mínimas.
b) Minimizar el número de emergencias contra incendios.
c) Apagar el incendio dure lo que dure.
d) Son ciertas a y b.

13. ¿Qué tiempos de la cadena de emergencia contra incendios es el más importante y no se debe romper? El tiempo de…

a) Detección.
b) Evacuación.
c) Alarma.
d) Son todos importantes.

14. ¿Qué situación es de menor gravedad en un incendio?

a) Conato de incendio.
b) Gran emergencia.
c) Incendio grave.
d) Todas se tienen que entender de igual gravedad.

15. ¿Qué situación es de mayor gravedad en un incendio?

a) Conato de incendio.
b) Falsa alarma.
c) Incendio grave.
d) Todas se tienen que entender de igual gravedad.

16. ¿Qué turno posee mayor número de efectivos propios disponibles en incendio?

a) Turno limitado.
b) Por la noche.
c) A turno completo.
d) Periodos especiales: festivos, vacaciones, etc.

17. ¿Cómo se denomina en relación a los efectivos propios disponibles frente a un incendio, aquellos que se consideran periodos especiales?

a) Por festivo.
b) Turno limitado.
c) Por la noche.
d) Turno completo.

18. ¿A qué situación de esta se le denomina ocupación inorganizable conforme las expone la NTP 045? Si se da...

a) Hospitales.
b) Grandes almacenes.
c) Cárceles.
d) Son todas las anteriores.

19. ¿Qué situación de ocupación conforme las expone la NTP 045 se dará en las cárceles? Ocupación...

a) Inoperante.
b) Inorganizable.
c) Numerosa.
d) Inevacuable.

20. ¿Qué es lo primero que se debe hacer ante una emergencia por incendio?

a) Luchar contra el fuego con equipos de manguera.
b) Valorar la gravedad de la emergencia.
c) Avisar a ayudas externas.
d) Evacuar.

21. La señal que proporciona indicaciones relativas a las salidas de socorro, a los primeros auxilios o a los dispositivos de salvamento, se denomina señal de:

a) Salvamento.
b) Seguridad ciudadana.
c) Prevención de accidente.
d) Nada de lo anterior es cierto.

22. El color azul como de seguridad, indica:

a) Una obligación de utilizar un equipo de protección individual.
b) Un comportamiento peligroso.
c) Verificación.
d) Atención o/y precaución.

23. ¿Qué color de seguridad indica salvamento o auxilio?

a) Verde.
b) Rojo.
c) Amarillo.
d) Naranja.

24. ¿Qué número es la NTP o Nota Técnica de Prevención que trata de Planes de emergencias en lugares de pública concurrencia, del Instituto Nacional de Seguridad e Higiene en el Trabajo (INSHT)?

a) 045.
b) 361.
c) 507.
d) 711.

25. ¿Qué lugares de estos pueden ser susceptibles de la NTP o Nota Técnica de Prevención 361 del Instituto Nacional de Seguridad e Higiene en el Trabajo (INSHT)?

a) Hospitales.
b) Recintos deportivos.
c) Grandes superficies comerciales.
d) Todos los anteriores.

En MADTEST tienes **más preguntas de este tema**, y todos tus avances quedan registrados y se reflejan en el ranking.

¡Supera tus límites con MADTEST!

Solución al test n.º 16

1. d) Atrapamientos, golpes y/o cortes.

2. a) Colocar en los altillos o zonas de trabajo elevadas barandillas, barras intermedias y plintos.

3. c) 65 decibelios.

4. d) Utilizar mesa de desmanchado con aspiración localizada.

5. b) Contacto con sustancias cáusticas y/o corrosivas.

6. c) Disponer solo de la cantidad necesaria de materiales inflamables o combustibles para el trabajo del día y mantener el resto en el almacén.

7. a) 30 y 70 %.

8. b) Estrés.

9. d) Área de desinfección.

10. b) Extracción.

11. a) Plan de Emergencia contra Incendios.

12. d) Son ciertas a y b.

13. d) Son todos importantes.

14. a) Conato de incendio.

15. c) Incendio grave..

16. c) A turno completo.

17. a) Por festivo.

18. b) Grandes almacenes.